成果导向课程体系的构建、开发与实施

杨琳　李杰　王艳洁　许慧　著

北京
冶金工业出版社
2021

内 容 提 要

本书以成果导向教育为研究对象，对成果导向课程体系的构建、开发与实施进行了深入的探讨，以构建“说到”“教到”“学到”“做到”“评到”的“五到课程体系”为目标，提供了一套成果导向课程体系构建、开发和实施的可执行路径。

本书可供高职院校教育教学改革、课程体系构建或者一线教师进行课程开发、实施时参考，也可供高等职业教育研究工作者从事教育改革研究时参考。

图书在版编目(CIP)数据

成果导向课程体系的构建、开发与实施/杨琳等著. —北京：冶金工业出版社，2020.6（2021.12 重印）

ISBN 978-7-5024-8555-9

Ⅰ.①成…　Ⅱ.①杨…　Ⅲ.①高等职业教育—课程体系—研究　Ⅳ.①G718.5

中国版本图书馆 CIP 数据核字(2020)第 087185 号

成果导向课程体系的构建、开发与实施

出版发行　冶金工业出版社　　**电　　话**　(010)64027926

地　　址　北京市东城区嵩祝院北巷 39 号　　**邮　　编**　100009

网　　址　www.mip1953.com　　**电子信箱**　service@mip1953.com

责任编辑　姜晓辉　王艺婧　美术编辑　吕欣童　版式设计　禹　蕊

责任校对　卿文春　责任印制　李玉山

北京建宏印刷有限公司印刷

2020 年 6 月第 1 版，2021 年 12 月第 2 次印刷

710mm×1000mm　1/16；12.5 印张；240 千字；187 页

定价 72.00 元

投稿电话　(010)64027932　投稿信箱　tougao@cnmip.com.cn

营销中心电话　(010)64044283

冶金工业出版社天猫旗舰店　yjgycbs.tmall.com

（本书如有印装质量问题，本社营销中心负责退换）

序　言

2018 年 3 月，首次到衢州职业技术学院（以下简称衢职），与崔戴飞书记、江爱民校长、何百通副校长、余建军院长、马文龙副院长及教师们交流，发现衢职“有礼、有爱、健康”等教育已深具特色，看到校领导前瞻亲民与行政团队积极用心，更感受到衢职建设“办学特色鲜明、社会评价优良的优质高职院校”的决心。

为与衢职伙伴共同圆梦，参与其以《悉尼协议》为范式的专业建设与改革试点工作，启动信息工程学院计算机应用技术、计算机网络技术与应用电子技术等 3 个专业的人才培养模式改革，导引计算机应用技术专业参与台湾中华工程教育学会（IEET）工程技术教育认证。

两年来，带领衢职伙伴，历经基础期、进阶期、精进期及成果期等四期 20 梯次培训，与衢职共同制定了校级教育目标、信息工程学院教育目标、专业教育目标等三级教育目标、核心能力及能力指标；调整与优化了计算机应用技术、计算机网络技术、应用电子技术等 3 个专业的人才培养方案及课程体系；完善了基于成果导向教育理念的课程大纲（标准）的设计、单元教学设计，并于 2018 ~ 2019 学年、2019 ~ 2020 学年开展课堂教学实施；形成了课堂教学质量保障体系，定期检视课程与核心能力、教育目标间的关系，定期运用问卷、座谈、访谈等多元方式评估，反馈教育目标与核心能力之达成度，构建成果导向的持续改善机制。2020 年 1 月，计算机应用技术专业通过了 IEET TAC-AD 认证，衢职成为浙江省第一个获得 TAC-AD 的高职院校。

两年来，衢职已按照既定程序，完成了信息工程学院的 3 个专业基于成果导向教育的专业建设，提升了 3 个专业的课程内涵与教师专业素质，建立了“需求引领、成果导向、适性发展、多元评价”三循环人才培养改进机制。有感于衢职在此历程中精准掌握成果导向教育理念并持续研发与改善，在调整与优化课程体系，以核心能力与能力指标贯穿课程大纲，深化成果导向的单元教学设计，体现成果导向教育理念的学习评价等四方面深具特色，乃鼓励其出版《成果导向课程体系的构建、开发与实施》专著，分享课程成长经验。

本书分5章，第1章成果导向教育的内涵，第2章基于成果导向教育的课程体系构建，第3章基于成果导向教育的课程开发，第4章基于成果导向教育理念的课堂教学，第5章基于成果导向教育的多元评价。全书体系完整、架构清晰、内涵彰显四项特色，可供高职院校构建、开发与实施成果导向教育课程体系时参考。

感谢衢职校领导、行政团队与信息工程学院的教师们。两年来，与大家共同成长，共同探讨课程与教学，共同发现问题与解决问题。两年来，看到了大家的付出与辛劳，看到了大家的丰硕成果，更高兴看到本专著即将出版。谢谢大家。

李坤崇

2020年3月13日于台南

前　言

《成果导向课程体系的构建、开发与实施》一书系统、全面地介绍了衢州职业技术学院在以《悉尼协议》为范式及成果导向教育理念进行专业建设与改革方面取得的实践成果和经验。2017 年以来，衢州职业技术学院针对成果导向教育展开了理论研究及调研。2017 年上半年，校领导带队赴江苏、广东、上海、黑龙江等地进行成果导向教育的实地调研和考察，暑假期间组织专业教学团队、骨干教师赴杭州、哈尔滨等地进行成果导向教育理论的学习。2018 年 3 月，开展以《悉尼协议》为范式的专业建设与改革试点工作，特邀请台湾地区教育专家李坤崇教授进行专业建设咨询，开展了为期两年的成果导向专业建设与《悉尼协议》专业认证的培训和指导工作，以《悉尼协议》为范式及成果导向教育理念，完成计算机应用技术、计算机网络技术与应用电子技术等 3 个专业的人才培养模式改革。2018 年 9 月计算机应用技术专业向台湾中华工程教育学会（IEET）提出专业认证申请，于 2020 年 2 月通过 IEET TAC-AD 专业认证。因此，衢州职业技术学院在成果导向教育改革，提高人才培养质量，增强专业核心竞争力等方面积累了一定的经验，特进行总结提炼成本书。

本书系统探讨了成果导向职业教育课程开发理论与实践，将衢州职业技术学院的实际做法加以提炼，按照课程开发和实施的路径完成本书的撰写。书中既有成果导向教育相关的基础和应用理论，又有较好的实践操作性，可供在专业建设中提升专业建设内涵时参考。全书共分 5 章：第 1 章介绍成果导向教育的内涵、执行原则与架构、研究与改革现状；第 2 章介绍基于成果导向教育的课程体系构建，包括教育目标、核心能力、顶石课程等，并附有课程体系调整案例；第 3 章介绍基于成果导向教育的课程开发，包括课程大纲及单元教学活动设计的撰写及实例分析；第4章介绍基于成果导向教育理念的课堂教学及实例分析；第5章基于成果导向教育的多元评价及实例分析。本书具体编写分工为：杨琳主要负责第1章、第3章关于课程开发内容与原则、课程大纲及第5章关于多元评价理念、认知教育目标的撰写；李杰主要负责第2章及第3章关于课程单元教学活动设计的撰写；王艳洁主要负责第4章内容的撰写；许慧主要负责第5章关于多元评价编写原则与实例的撰写。

本书在编写过程中得到了各位同仁的大力支持。李坤崇教授在本书撰写过程中给予了全程指导，为本书的成书提供了很多支持和大力保障，特此表示衷心感谢。

衢州职业技术学院的各位领导在本书的出版等方面提出了宝贵的建议。老师们为书稿内容、数据、课程大纲及单元设计案例、课堂实施等方面提供了素材和支持。全书由李坤崇教授、余建军教授、马文龙教授审稿。在此一并表示感谢。

本书得到衢州职业技术学院专业建设项目、浙江省高等教育“十三五”教学改革研究项目（jg20180729）等资助，在此表示衷心的感谢。

由于水平有限，书中不足之处，恳请广大读者批评指正。

作　者
2020年3月

目　　录

1　成果导向教育的内涵

1.1　成果导向教育的概述

成果导向教育是一种以学生的学习成果为导向的教育理念，认为教学设计和教学实施的目标是学生通过教育过程最后取得的学习成果。

成果导向教育是由美国学者 Spady 在 1981 年提出的一种以学生的学习成果为导向的教育理念。该种理念以惊人的速度获得了广泛的重视和应用，经过此后 10 年左右的发展，形成了比较完整的理论体系，已成为美国、英国、加拿大等国家教育改革的主流理念。1994 年 Spady 提出成果导向教育金字塔模型（见图 1-1），标志着该理论越发成熟。成果导向教育强调所有学生毕业后能达成某项任务的能力，而相关的教育均应聚焦于促使学生达成该能力。成果导向教育的基本原理是所有学习者均成功，其基本假设是所有学生都是有才干的，每个学生都是卓越的，学生是学习合作而非相互竞争，以及学校是为学生找到成功方法的机构。

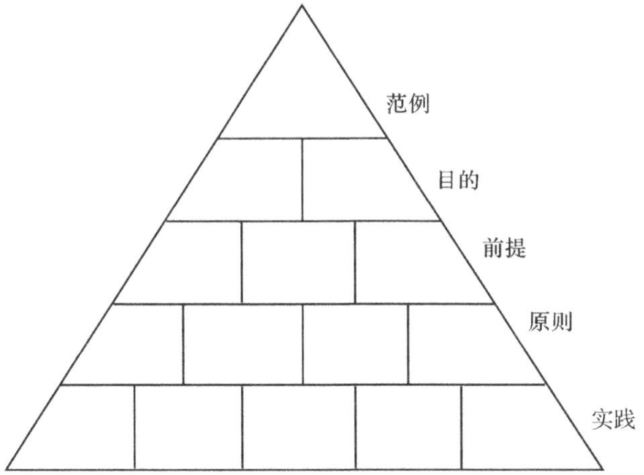

图 1-1　成果导向教育金字塔

（资料来源：Outcome-Based Education：Critical Issues and Answers（p. 8），W. G. Spady，1994. Retrieved from November 14，2008，from http：//eric. ed. gov/ERICWebPortal/custom/portlets/recordDetails/detailmini. jsp? _ nfpb = true& _ &ERICExtSearch _ SearchValue _ 0 = ED380910&ERICExtSearch _ SearchType_ 0=no&accno=ED380910）

此金字塔由一个执行范例、二个关键目的、三个关键前提、四个执行原则、五项通用领域的实践构成。院校在实施成果导向教育的时候，应将范例、目的、前提及原则具体化，以免引起误解内涵或者扭曲成果导向的本质。

（1）范例。范例是指达成与实现愿景的方法。成果导向的范例就是在做决定与具体行动时，依据什么（what）与是否（whether）能成功学习，远比何时（when）及如何（how）来学习，更为重要。成果导向教育范例的内涵在于期待所有学生成为真正成功的学习者。OBE 的推动在一开始应有一个清晰的架构或愿景，清楚阐述学生应具备何种能力，接着再有教育行政、课程、教学、评价及配套系统，全力促使学生达到预期的能力。

（2）目的。Spady（1994）指出成果导向教育乃反映所有学生与教职员的成功哲学，其主要目的有二：1）建构成果蓝图：建立一个清楚的学习成果蓝图，并描述出哪些是必备的能力与内容，即确认所有学生在毕业前具备达到成功所需的知识、能力与素质。2）营造成功情境与机会：建置一个让所有学生能够达成预期成果的条件与机会，即营造一个获得成功的情境与机会。

（3）前提。Spady（1994）指出成果导向教育三大关键前提：1）所有学生均能学习并获得成功，但不一定同时或使用相同的方法。2）成功是成功之母，即成功学习促使学生更成功的学习。3）学校掌控成功的条件，即学校的各项作为将直接影响学生成功的学习。

（4）原则。Spady（1994）指出执行成果导向教育的四大原则，包括：1）清楚聚焦：清楚聚焦于重要的高峰成果。2）扩展机会：扩展机会与支持成功学习。3）高度期望：高度期望并让所有学生都能成功。4）反向设计：从最终、高峰成果反向设计。此四原则是成果导向教育执行成败的关键。

（5）实践。Spady（1994）指出实践 OBE 五大通用领域：1）定义成果：实施成果导向教育必须清楚明确的定义成果，Maskew Miller Longman（2001）强调成果包括关键成果、具体成果、评价标准及绩效指标。2）设计课程：成果导向教育的课程设计着重将课程架构、教学授课、测验及证书等内容予以整合，课程强调与生活情境结合的跨科目领域及跨年级的课程。3）教学授课：成果导向教育的教学强调学生学到什么？做出什么？着重产出与能力，并鼓励批判思考、沟通、推理、评论、回馈和行动。4）结果凭证：成果导向教育实施多元评价，评价结果强调达成最高绩效成就的标准及其内涵，而非强调学生间成果的比较。5）决定进阶：成果导向教育强调所有师生均应拥有成功学习及教学的机会，学生在迈向高峰成果的历程中设定几个阶段的成果子目标，让学生于过程之中逐步获得成功。

根据李传义教授的成果导向教育理论，可以将成果导向教育的教育理念聚焦在五个问题：1）学生应该取得什么样的学习成果，即怎样的输出。2）为什么学生应该取得这样的成果。3）如何有效的帮助学生取得这些成果。4）我们如何知道学生已经取得了哪些成果。5）我们如何保障学生取得这些成果。解决了这五个问题，也就完成了成果导向教育的实施工作。

成果导向教育同时强调五方面的内涵：1）人人都能成功，即所有学生都能在学习上获得成功，但不一定同时或采用相同方法。而且，成功是成功之母，即成功学习会促进更成功的学习。2）个性化评定，即根据每个学生个体差异，制定个性化的评定等级，并适时进行评定，从而准确掌握学生的学习状态，对教学进行及时修正。3）精熟，教学评价应以每位学生都能精熟内容为前提，不在区别学生的高低，只要给每位学生提供适合的学习机会，他们都能达成学习成果。4）持续改进，学校应该比学生，更加对学习成效进行负责，并且需要提出具体的评价及改进的依据。5）能力本位，教育应该提供学生适应未来生活的能力，教育目标应该列出具体的核心能力，每一个核心能力都应有明确的要求，每个要求均应有详细的课程对应和支撑。

1.2 成果导向教育执行的原则与架构

在成果导向理念里“四个执行原则”被各国学者承继与实践。这四个原则归结为：一是清楚聚焦，焦点是重要的高峰成果。二是反向设计，从最终、高峰成果向下进行创设。三是高度期许，期待所有学生都获得成功。四是扩展机会，增强成功学习的机遇。Spady 在 1994 年也指出成果导向教育的四个执行原则及四个执行架构，以下分别说明。

1.2.1 成果导向教育的四个执行原则

Brandt（1993）认为实施成果导向教育的原则有四项：（1）明确的学习成果，课程设计与教学应聚焦于学生在整个学习历程结束后能真正拥有的能力。即他认为清楚聚焦的高峰成果应当是学生在整个学习过程结束后能够展示出综合应用所学的能力，而非一周、一学期或一学年的课程或活动。（2）扩展学习机会，教师应以更弹性的方式来配合学生的个别需求，让学生有机会去印证所学、呈现其学习成果，以证明其学习的有效性和有用性。（3）高度期待，教师应期待学生均能自我实现，并将学生的学习历程，视为学生迈向自我实现的高层次挑战。（4）反向设计，以高峰表现为最终目标，即由高峰表现向下规划的课程设计，课程与教学应着重学生带着走的能力。

执行原则是推进成果导向教育实施的核心策略，缺乏对四个原则的深入理解，将难以将成果导向教育教育理念真正地落实在执行层面。接下来我们就分别对各项原则进行剖析。

1.2.1.1　清楚聚焦

清楚聚焦是清楚聚焦于重要的高峰成果。Spady（1994）指出，清楚聚焦为成果导向教育四项原则中最重要、不可或缺，也是最为基本的内容。清楚聚焦的内涵有四个方面：(1) 协助教师建立一个能清楚预期学生绩效成果的学习蓝图。(2) 教学设计与学生评价最优先的原则，是要让学生成功地展现绩效成果。(3) 对于预期绩效成果需有清楚的蓝图。并以此蓝图作为课程、教学、评量设计与执行的起点，与所有的学习紧密结合。(4) 从教师于第一天课堂教学中开始分享、解释、示范，并持续到最后，师生如同伙伴般合作以达成目标，秉持平实、毫无惊喜的哲学。成果导向教育旨在让所有学生未来均能成为成功的学习者。但并非指所有人需于相同时间或采用相同方式学习，教师应持续寻找较好的教学设计与授课方式，协助学生运用不同的方法、不同的学习速度与形式来达成相同成果。Brandt（1993）强调。教育应着眼于学生在整个学习历程结束后能真正拥有的能力（综合应用所学的能力），而不是一周、一学期或一学年的课程活动而已。

1.2.1.2　扩展机会

扩展机会乃扩展学习机会与支持成功学习。教师需要给予学生更多学习与展现其学习内容的机会。Spady（1994）指出，机会的五大关键向度为时间、方法与形式、执行原则、绩效标准、课程的实施与建构。

(1) 时间。学校的教学时间、学习时间、课程组合与成果绩效的时间息息相关。教学时间乃教师接触学生与支持学生学习的教学时间数量；学习时间乃给予学生的学习时数；课程组合乃学生可在规定的时间内选择特定课程的组合。成果导向教育观点强调可藉由扩展“学习机会的持续性、频繁性、发生的精确时间”来提升学生的学习成效。学校或教师宜重新组织教学时间、学习时间与课程组合的模式，以掌握学习机会的精确时间。

(2) 方法与形式。成果导向教育正视学生的多样性与差异性。必须采用不同的教学形式与学习方法，赋予师生教与学的弹性自主性及多元性。Spady（1994）强调，教师运用不同形式的教学方法比仅调整教学时间的长短更可扩大学生成功的学习机会。

(3) 执行原则。即同时执行其他三原则。若教师秉持一致性、系统性及创造性，并同时应用清楚聚焦、高度期许及向下设计等三原则来执行，将可扩大学生成功学习的机会，因为清楚聚焦可建立一个清楚的学习绩效目标，高度期许可刺激学生学习动机而达到成功，向下设计则提供学生清楚追求目标与达到预期学习目标的课程。

(4) 绩效标准。对所有学生明确定义所被赋予的高期待绩效标准。但不限制多少学生需达到绩效标准，乃积极引导学生迈向成功、扩大学生成功学习的机会。绩效标准乃是让所有学生逐渐迈向成功的关键。

(5) 课程的实施与建构。若学校未提供学生所需的课程，或学生只能运用固定的、单一机会或片段时间的学习课程，学生的学习与未来成功的机会将受限。学校必须建构弹性、多元与连贯的学习课程，使学生获得较高层次的复杂思考与批判性的学习经验，方可扩大学生持续改善与深入内化学习的机会。

扩展机会原则不应与其他三原则分离而独立存在，清楚聚焦与高度期许能清楚地定义学校对学生的期许而向下设计则能确保成果的达成。“成果”一词代表学生必须完成的不只是课程的完成或结束时的任务绩效，更必须表现与达成所有的标准。未达到标准的学生，则有义务努力达成，学生必须努力扩大学习机会，以表现较高程度的能力。Spady（1994）针对学生必须设法达到高峰绩效标准，提出七点说明：

(1) 成果导向教育学者需清楚界定学生应执行例行性学业或发展高峰表现能力。

(2) 教育学者需区别“练习”与“高峰表现”，练习是学习的必经阶段，但并非结果或表现。

(3) 成果导向教育常需区别“铅笔成绩”与“墨水成绩”的差别。前者伴随着学生学习与进步成效增长而改变的一种记录符号；后者则意味着永久且无法改变的成绩。

(4) 许多执行成果导向教育的学校期待学生通过不断的努力与改善学习，获得扩大学习机会。

(5) 有些学校坚持学生应达到课程最终的绩效标准，在其达到标准前都不算完成该项任务，课程或毕业学分也直接紧扣此标准。

(6) 许多学校运用各种可能方法，来让学生对学习产生兴趣，并强制排除缺乏参与及延迟学习的可能。

(7) 学校对延迟学习学生并未减少期许，延迟学习仅代表着延后完成时间，且学校应避免以失败来形容迟缓学习者。

Brandt（1993）亦强调教师应以更弹性的方式来配合学生的个别需求，并让学生有机会去印证所学，以及证明其学习成果。

1.2.1.3 高度期许

高度期许即期许并让所有学生都能成功。Spady（1994）提出高度期许三大关键向度：

(1) 提升可接受绩效之标准是提高学生完成或通过课程的绩效标准，并执行清楚聚焦。扩展机会及向下设计原则，促使学生达到较以往高的标准。

（2）排除成功配额是舍弃钟形曲线或评定等级配额，鼓励学生迈向高峰表现。

（3）增加使用高层次课程是低层次课程让学生停留于低标准的范畴。学校应运用高层次课程引导学生往高标准努力。

此三大关键向度可改变学校学习气氛与风气，导引学生在较具挑战性的学习过程中获得较高成就。

Spady（1994）认为高度期许及高标准概念虽接近，但内涵却不同。高度期许强调期待学生达到较高层次的绩效，并增加其发生的可能性。若学校仅提高标准而未增加对学生的期望或促使更多学生成功学习，提高标准只会增加学生成功的障碍与降低学生的通过率。

Spady（1994）主张高峰成果代表高程度挑战，然对所有学生的成功均应保持着高度期许，即学校必须设定高且具有挑战性的成果标准。

鼓励、支持学生深入学习并达到预期的高峰成果。Brandt（1993）也强调教师应期待、鼓励学生迈向自我实现。

1.2.1.4 反向设计

反向设计即从最终、高峰成果向下设计。Spady（1994）认为课程与教学从高峰表现向下设计，并确认所有迈向高峰表现学习的适切性。教师教学的出发点不是要教什么，而是预期学生的高峰成果，再考虑教什么。Brandt（1993）强调回归于学生能带着走的能力。以学生高峰表现作为教学最终目标。

Spady（1994）提出成果导向课程设计之“黄金定则”为“一致性、创造性及系统性”，即教师要先建立一套重要的学习经验（高峰）作为一致的高度期许，再决定所需的关键学习内容，运用创意的教学方法与情境，有效地协助学生成功学习。

教师向反向设计课程宜掌握两项原则：

（1）从重要的高峰成果向下设计并回溯基础成果，应从期望学生最终达成的成果来反推、回溯课程及教学设计，并循序增强课程的难度，以引导学生迈向高峰成果。教师应理清高峰成果、基础成果及零碎成果的不同。高峰成果乃所有学生完成学习经验时必须达成的成果。“高峰”为“成果”的同义词；基础成果为高峰成果所依赖的关键基础，亦为学生追求成功绩效的基本；而零碎成果则为较不必要的课程细节。

（2）取代或删除高峰成果中非重要发展内容的零碎成果，即教师必须聚焦于重要、基础、核心、高峰的成果，排除较不必要的课程细节或以更重要的课程来取代，方能有效协助学生成功学习。

反向设计不仅为建立课程优先级与架构的实用方法，更提供建置高峰成果架构的相关完整指南。然面临的两项挑战为：“技术”上，必须确定基础成果确实存在于高峰成果之内；“情感”上，教师必须愿意放弃所熟悉、喜爱但非必要的课程细节。

1.2.2 成果导向教育的四架构与通用领域的实践

任何教育组织均包含执行系统与支持系统。执行系统是指与教学及学习过程有直接关系的课程与教学要素；支持系统是指让教学、引导与学习过程得以存在并发挥功用的行政、后勤与资源因素。Spady 在 1994 年提出了成果导向教育的四个执行框架，包括绩效标准与资格架构、课程内容与清楚架构、教学互动与科技架构与合格、晋级与指定架构，并通过方向设定、课程设计、教学授课、结果验证等呼应四个原则的四个执行策略来串联四个执行架构。在执行层面，提出了五项通用领域的实践与之呼应。

实践成果导向教育的五大通用领域主要包括以下五个层面，（1）定义成果：实施 OBE 必须清楚明确的定义成果，Maskew Miller Longman（2001）强调成果包括关键成果、具体成果、评量标准及绩效指标。（2）设计课程：成果导向教育的课程设计着重将课程架构、教学授课、测验及证书等内容予以整合，课程强调与生活情境结合的跨科目领域及跨年级的课程。（3）教学授课：成果导向教育的教学强调学生学到什么？做出什么？着重产出与能力，并鼓励批判思考、沟通、推理、评论、回馈和行动。（4）结果凭证：成果导向教育实施多元评量，评量结果强调达成最高绩效成就的标准及其内涵，而非强调学生间成果的比较。（5）决定进阶：成果导向教育强调所有师生均应拥有成功学习及教学的机会，学生于迈向高峰成果的历程设定几个阶段的成果次目标，让学生于过程之中逐步获得成功。

1.2.3 成果导向教育扩充六架构与执行策略

基于 Spady 的四架构基础，结合 IEEET 的 TAC-AD2018 认证规范中的 9 方面的认证规范，包括教育目标、学生、教学成效及评量、课程组成、教师、设备及空间、行政支持与经费、领域认证规范和持续改善成效，拓展出适合高职层面执行的六架构与执行策略。成果导向教育执行系统框架以所有学生获得显著的高峰成果为核心，可以拓展出来绩效标准与资格架构，对应执行毕业标准的执行策略；课程内容与清楚架构对应课程建设的执行策略；教学互动与科技架构对应教学活动开展的执行策略；合格、晋级与指定架构对应教学评价的执行策略；师资素质与师资数量架构对应师资条件执行策略以及教学条件与教学资源架构对应支撑系统的执行策略，六架构与执行策略之间相互影响，有机统一的整体，不能分割的去理解和看待其中的一部分（见图1-2）。

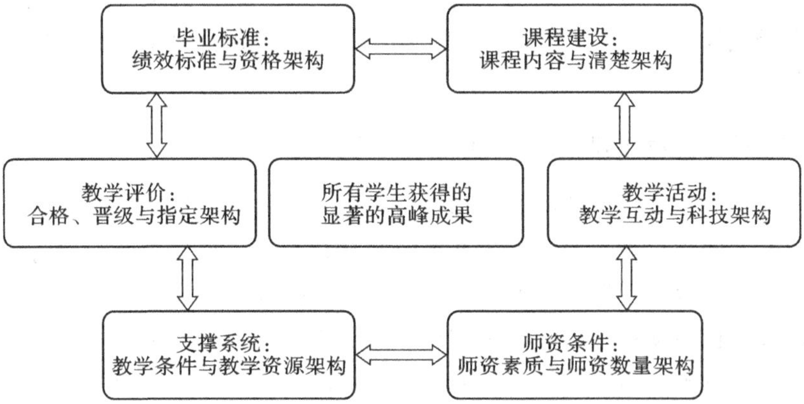

图1-2 成果导向教育扩充六架构与执行策略

扩充六架构的内容主要包括：（1）绩效标准-资格架构就是决定如何定义成就与绩效标准，以及如何授予毕业的学分标准，和相应的审核架构，此架构包括评价、测验、记录、成绩单、学分、毕业证书，即设置相应的毕业标准和毕业要求。（2）课程内容-清楚架构就是决定如何定义、组织、链接学生对于成果导向系统的正式学习经验的课程内容及清楚架构，此架构包括计划、就读系所、学科领域、课程，即课程体系的构建。（3）教学互动-科技架构就是决定成果导向系统该运用何工具及技巧，让学生投入课程学习中的教学过程及技术手段的架构，此架构包括教学组织及所运用的科技，即教学的课堂实施。（4）合格、晋级-指定架构就是决定哪些学生将与哪些教师、学生在一起，并在何地方、何时、做何事的合格、晋级、指定架构，此架构包括任何与学生分组、安排计划表、人员配置、晋级及与课程进阶相关的所有事项，即如何进行适合的评价方式。（5）师资素质与师资数量架构是指保障教学的实施，所需要的师资应该具备的素质以及相应的数量，即师资条件。（6）教学条件与教学资源架构就是指能推动教学完成的图书、实验实训设备、系统、网络教学资源等构成的支撑系统，该系统作为硬环境的支撑。

成果导向教育的四项原则通过直接地塑造与实行六种框架和执行策略而强化系统运作：清楚聚焦直接影响方向设定；扩展机会直接塑造教学授课；高度期望主导结果凭证；反向设计主导课程设计功用。发展成果导向教育系统，六个执行架构、六项执行策略均依据成果及四项原则，而非依据时间、行事历、钟形曲线。因此，执行成果导向教育的学校在执行架构与执行策略、支持系统及其资源优先级与分配，均直接地依据成果及四项原则而建构。

1.3 成果导向教育在国际高等教育的研究应用现状

从成果导向教育理念的发展史来看，它兴起于美国 20 世纪 70 ~ 80 年代，20 世纪 90 年代开始传播到马来西亚、日本、澳大利亚、新加坡、南非、英国等国家。国外对成果导向教育的研究主要是对其概念和内容进行阐述，回顾其发展历程，对成果和成果的模型进行构建，对效果进行分析，剖析实施要点以及对课程改革的应用等几个方面。在概念和内容的阐述中，Acharya 和 Spady 等人进行了研究。Spady 曾多次对成果导向教育进行阐述，并将其定义为“清晰地聚焦和组织教育系统，使其能够在确保学生能够获得在未来生活中的取得成功的经验”。Acharya 在前人总结的基础上对内容进行的加深，并提出了四个基本原则：方向设计、扩大机会、给予高的期望和成功的支持、成果的清晰聚焦。在成果导向教育发展历程的研究上，Harden 和 Mollie 对其进行了分析。其具体研究了成果导向教育的 12 条优势，并对 1981 年到 2002 年间的发展历程进行了详细的说明。而 Harden 和 Crosby 则对成果以及成果模型研究的比较透彻，他们提出了成果展现出来的两个模型，即 Dundee 模型和 Three-circle 模型。此外，Harden 还对成果导向教育的实施进行了研究，提出了以孔雀、鸵鸟、海狸为原型的实施效果监测模型。Kennedy 将中国香港地区作为成果导向教育实施的对象，从实践、政策、理论之间关系入手开始研究分析，它认为这三者之间具有相互影响的作用，能够共同作用于成果导向教育的实施。而 JanetBattistini 则主要对成果导向教育在课堂上的应用进行了研究，它指出成果导向教育的实施虽然涉及多个群体，但是课堂教师才是最终起到关键作用的人物。

到目前为止，成果导向教育的研究已经进行几十年，研究者根据自身的需要和身处的环境，在成果导向教育理念的基础上，创造了多种具有特色的课程模式。第一种就是 1995 年美国工程和技术教育认证组织（ABET）共同推出的认知标准 EC2000 和工程课程计划。技术教育认证组织为了改善以往僵化、陈旧的认证标准，以提高学生的自主创新能力、领导能力、团队合作能力为目标，推出了该课程的发展模式。这种模式主要强调学习产出，要求毕业生在学习的过程中必须要掌握生存能力和相应的知识。第二种就是医学教育的课程发展模式。在医学教育课程的发展模式必须要遵守 6 个发展步骤，即指定学生的需求评量、实行、目的与目标、问题确认与需求评量、教育策略、评估与回馈。第三种就是持续改善评价模式，Rogers 认为高等教育机构实行评价机制是非常有需要的。第四种就是调整模式。这种模式的组成部分有：确认资源、定义学位轮廓、建构课程、确定评估类型、定义能力成果和评估与改善。由此可以看出，国外对成果导向教育的研究比较早，研究的内容一般在于对概念的阐述、分析发展历程、实施要点分析、课程发展模式研究以及理论基础上的研究。经过这一系列的研究能够帮助我国学者对成果导向教育有一个正确的认识，为后续的研究奠定了基础。但是，国外的这些研究还仅仅是停留在基础内容上，还欠缺对整体上的把握和具体的应用。

成果导向教育理论历经几十年的发展和实践，已经形成了较完备的理论体系，并在各国历次教育改革中不断实践和应用。美国及其他国家的成果导向教育诞生于美国，并快速在美国各州广泛推行。20 世纪 80 年代中期以来，肯塔基、密西根、明尼苏达、密苏里、宾夕法尼亚、华盛顿等州的部分学区和学校相继采取成果导向教育的理念进行教育改革，试图改善学生的学习成果。其中，以宾夕法尼亚州的全州推动成果导向教育改革最具代表性。但是，成果导向教育作为新生事物，在执行过程中不可避免地引起了各方争议，“什么是学生应该获得的学习成果”成为争论的焦点。虽然宾州的教改遭遇挫折，但 20 世纪 90 年代以来美国、加拿大的许多学区，例如科罗拉多的 Aurora public school、安大略的 Waterloo Country Board in Kitchener 等都取得了显著成果。“学习成果评价”已被公认为最有效、具体的教学绩效评价方案。2000 年，美国工程与技术教育认证组织（A-BET）运用成果导向认证规范 EC2000 对美国工程教育进行改革；2003 年，国际高等商学院协会（AACSB）改变评价标准，以学习成果直接评估学生学习；在欧洲，学习成果是博洛尼亚进程（Bologna Process）的要项，构成欧盟国家高等教育发展的共同模式，对促进欧盟高等教育的整合意义重大；南非大选后，其教育部出台《2005 课程：21 世纪的终身教育》报告，投入约占 GDP6% 的巨额经费，以成果导向教育理论作为基础，旨在革除旧有教育体制中的种族隔离成分，建立一种能培养 21 世纪公民的新教育体制。如今，越来越多的国家加入国际教育互认体系，成果导向教育理念也被各国更成熟地运用到教育教学改革中。

1.4　成果导向教育在我国高等教育中的研究现状

1.4.1　成果导向教育的理论研究与探索

成果导向教育作为一种先进的教育理念，已经得到了国际工程教育界的认可。而我国对成果导向教育的研究还处于起步阶段，还没有形成完整的实施框架。最早于 2003 年才开始对成果导向教育进行研究，一直到 2012 年，成果导向教育才开始真正进入大陆。相对于香港和台湾地区对成果导向教育的研究来说，大陆最开始的研究多局限于对理念的认知和单纯的课程改革。经过近 20 年的发展，我国对于成果导向教育的研究有侧重于宏观角度，如专业建设、人才培养方面、课程改革等；也有侧重于微观层面，比如课堂教学、实践教学、学习评价等方面的改革。我国研究最早的是浙江工商大学的姜波 2003 年构建的“以成果为基础的教育”的体系，从结果、目的、假设、系统原则等几个方面进行阐述。随后在 2007 年，李光梅提出了要想实施成果导向教学，就必须首先变革教学理念。

2014 年，李志义首次在教育部引入了成果导向教育并尝试将其应用到教学改革实践中。王贵成等 2009 年通过研究美国成果导向教育模式，根据我国现阶段工程教育改革所面临的难题，尝试将其与我国现有的教育制度相融合；汕头大学 2013 年基于“学习产出”的工程教育模式，以 CDIO 工程教育改革实践为基础，结合国际工程教育改革及工程教育认证发展趋势，进行了探索与再创新；大连理工大学李志义等 2014 年提出用成果导向教育理念引导高等工程教育教学改革。

常志英、崔维淼在其 2019 年刊发的《国内成果导向教育研究主题及脉络演进》一文中指出，从研究者所属机构角度分析，发文数位于前 10 的有黑龙江职业学院、广东科学技术职业学院、燕山大学机械工程学院、广东岭南职业技术学院、大连东软信息学院、淮阴师范学院、沈阳化工大学、东北林业大学机电工程学院、贵州理工学院、广东石油化工学院，这些机构可以看作成果导向教育研究的核心机构。除了淮阴师范学院，这些机构多是工科类院校与职业院校，这说明成果导向教育研究多是在工科和职业院校内展开。由于成果导向教育要求培养目标具有可操作性，教学组织围绕预期目标展开，因此从能力培养的视角看，应用类专业与成果导向教育似乎有着天然的默契。虽然在国外工程教育、医学教育等专业开展成果导向教育成功案例较多，但在我国主要在工科院校、高职院校研究成果较多。

在高职院校中，2015 年黑龙江职业学院的“成果导向+行动学习”教育教学改革具有较强代表性。该校与台湾南华大学合作，引入国际工程技术教育认证（《悉尼协议》）及成果导向教育理论，推行“以立德树人为核心、以学生为中心、以成果为导向、以能力为根本”育人基本原则，并在首批 16 个专业的课程改革中进行试点和本土化改造，取得了丰硕成果，为高职院校教育教学改革提供了路径和方法。此外，广州番禺职业技术学院采用“成果为导向，项目为主体，任务为引领，服务（产品、作品等）为载体的‘教、学、做’一体化教学模式”，收到了明显的效果。

《教育部关于加快建设高水平本科教育全面提高人才培养能力的意见》（教高〔2018〕2 号）中在建设高水平本科教育的指导思想和目标原则一节的基本原则中，提到了坚持学生中心，全面发展；坚持服务需求，成效导向；坚持完善机制，持续改进的原则。教育部关于一流本科课程建设的实施意见（教高〔2019〕8 号）中在建设内容中提到转变观念，理念新起来。以新理念引领一流本科课程建设。确立学生中心、产出导向、持续改进的理念，提升课程的高阶性，突出课程的创新性，增加课程的挑战度。教育部办公厅关于建立职业院校教学工作诊断与改进制度的通知中提到了坚持“需求导向、自我保证，多元诊断、重在改进”的工作方针。国务院《关于印发国家职业教育改革实施方案的通知》（国发〔2019〕4 号），俗称“职教 20 条”中提到把职业教育摆在教育改革创新和经济社会发展中更加突出的位置，把发展高等职业教育作为优化高等教育结构和培养大国工匠、能工巧匠的重要方式，建成具有国际先进水平的中国职业教育标准体系。我国密集出台的一系列文件无不显示高等教育应当遵循以学生为主体的理念，高等教育质量评价的产出要切合高等教育价值目标追求，倡导以学生学习成果为逻辑起点对教育理念和教学体系进行设计，这些正是成果导向教育理念的核心所在。成果导向理念改变了传统“以知识为主导”的教学理念，以学生预期能力获得为导向进行反向设计和正向实施教学，将教学的重点聚焦于“学生产出”，立足于工程教育专业认证大背景，注重学生创新、实践等能力的培养。成果导向教育已然成为我国工科类高校教学研究和改革的热点。

中国香港地区是亚洲地区在学生学习成果规划、推动及执行上最佳的代表。香港大学教育资助委员会推动成果导向教育在大学教育的应用，主要表现在增进教学与学习的质量、促进四年制大学学位课程的进展、确保国际竞争力，以及对利害关系人（stakeholders）的回应，并在 2007～2012 年间先后投入大量经费资助香港中文大学等 8 所大学将学习成果纳入新四年制课程，采用成果导向方法提升学习素质。此外，香港教育学院也成立专门委员会在校内推动成果导向学习。成果导向教育在香港得到了实质性的完善和发展。台湾教育行政部门 2004 年 12 月提出了旨在提升大学教学品质和竞争力的奖励大学教学卓越计划，开发了 9 项教学基本核心指标，其中就包含推行成果导向课程改革要求。在中国台湾地区，成果导向课程革新机制首先在医学教育领域广泛推行，并取得显著成效。台湾逢甲大学 2003 年起参与台湾“工程及科技教育先导计划”，通过推动国际教育认证经验，形成“成果导向持续改善之双回圈课程规划与管理”机制。台湾中原大学在执行教学卓越计划中，建置了“学生基本能力指针（C-Map）系统”。台湾南华大学运用成果三循环机制，构建了“模组化、学程化、分流化”的课程模式。2011 年，台湾高等教育评鉴基金会对各大学系所进行评估，着重“学生学习成效”的评价，包括各校要培养什么样的学生（具体具备哪些能力），施以何种课程以培养核心能力，建立哪些评价机制，检视毕业生核心能力的达成，如何帮助未达成核心能力的学生等。

1.4.2　我国国际工程认证的现状

国际工程联盟是全球非营利组织，含 36 个分支机构，遍布 27 个国家。该联盟提出的核心内容是工程教育与工程师国际互认体系，涉及工程教育及继续教育的标准、机构的认证，以及学历、工程师资格认证等诸多方面。主要包括 3 个工程技术教育领域的学历互认协议——《华盛顿协议》（Washington Accord）、《悉尼协议》（Sydney Accord）和《都柏林协议》（Dublin Accord），4 个工程技术人员专业技术资格互认协议——《国际职业工程师协议》（IPEA）、《亚太工程师协议》(APEC)、《国际工程技术专家协议》(IETA) 和《国际工程技师协议》(AIET)。这些认证协议保证了工程技术领域学历教育与职业能力的互认，其宗旨是提高工程教育质量和工程人才的全球流动性。

1989 年，澳大利亚、加拿大、爱尔兰、新西兰、美国和英国发起签署《华盛顿协议》，正式成员现已达到 19 个。2005 年，美国工程教育认证协会将成果导向教育的理念贯穿于《华盛顿协定毕业生核心能力》中。2013 年 6 月，我国成为《华盛顿协议》的签约预备成员。对比 ABET 所提出的 11 项工程专业能力准则，我国《工程教育认证标准（2015 版）》规定了自己的 12 条毕业生能力要求。2016 年 6 月，我国成为第 18 个《华盛顿协议》正式成员，中国工程教育认证的结果已得到其他 18 个成员认可，认证已覆盖 21 个专业类，计划 2020 年实现所有专业大类全覆盖，标志着我国拉开了具有国际实质等效的工程教育专业认证的帷幕。2001 年，澳大利亚、加拿大、爱尔兰、新西兰、南非、英国和中国香港发起签署《悉尼协议》，随后美国、韩国和中国台湾也相继加入《悉尼协议》。正式加入《悉尼协议》的签约成员达到 10 个，均设立了专门的管理与认证机构，规划和执行相关的认证工作。2002 年，加拿大、爱尔兰、英国和南非发起签署《都柏林协议》。目前，《都柏林协议》正式成员已达 8 个。

《华盛顿协议》《悉尼协议》和《都柏林协议》的整体框架结构相近，但在解决问题范畴、工程活动范畴、知识要求、毕业素质要求、职业能力要求等方面，有深度和广度等方面的差别。例如，面向工程问题的复杂程度依次递减，从复杂性工程问题、广义工程问题到狭义工程问题。其中，《华盛顿协议》与我国的四年制本科工程教育相匹配，《悉尼协议》与三年制高职工程技术教育相贴近，而《都柏林协议》则与中职工程教育相似。我国于 2006 年开始构建具有国际实质等效、与工程师制度相衔接的工程教育专业认证体系，倡导并实施三个基本理念：学生中心、产出导向和持续改进。我国工程教育发展进入了新阶段，实质等效的认证标准，要求我国工程教育培养出来的工程人才质量必须达到国际认可。2017 年教育部积极推进新工科建设，主张以“大工程观”为教育理念，培养解决复杂工程问题的人才。工程教育专业认证的核心理念就是“学生中心、成果导向、持续改进”，其中最为核心和关键的就是成果导向的教育理念。

目前，在国内本科院校大力推进“新工科”建设思路的背景下，《华盛顿协议》为四年制本科工程教育专业认证及专业建设提供了重要参考，中国工程教育专业认证在 2018 年呈现大爆发的态势。与此同时，在推进高水平优质高职院校和专业建设的背景下，《悉尼协议》为高职院校专业建设和国际合作等工作提供了重要思路。尽管国内关注《悉尼协议》的时间不长，研究和实践工作也刚刚起步，但未来的发展前景和形势非常看好。2016 年 12 月以来，国内相继成立了《悉尼协议》应用研究机构，为研究者和实践者搭建了相互学习和交流的学术平台。

我国每年有约120余万工科专业本科毕业生。2006年，教育部启动工程教育专业认证试点工作。10多年来，我国以申请加入《华盛顿协议》为契机，以推进工程教育认证为抓手，全面深化工程教育改革，实施了“卓越工程师教育培养计划”等一系列改革举措，有力支撑了“中国制造2025”“网络强国”“一带一路”倡议等。2017年，教育部启动了“新工科”建设，加快发展新兴工科专业，改造升级传统工科专业，主动布局未来战略必争领域人才培养，提升国家硬实力和国际竞争力。目前，中国工程教育已站在新的历史起点上，从全球工程教育改革发展的参与者向贡献者、引领者转变。中国工程教育专业认证协会成立于2015年4月，主要负责我国工程教育认证工作的组织实施，致力于通过开展工程教育专业认证，协会建立了国际实质等效的工程教育认证体系，认证工作得到了国际同行的广泛认可，通过认证协会认证的工科专业，毕业生学位可以得到《华盛顿协议》其他组织的认可。截至2017年底，全国共有198所高校的846个专业通过中国工程教育认证协会（CEEAA）专业认证，分布于机械、化工与制药等21个工科专业类，通过了工程教育专业认证，标志着这些专业的质量实现了国际实质等效，进入了全球工程教育的“第一方阵”。据中国工程教育认证协会官方网站提供的数据显示，2018年、2019年两年间共计244所高校的957个专业通过中国工程教育认证协会认证，涉及54个专业。以计算机类专业的国际认证为例，截至2020年1月，已经有76个学校的102个计算机类专业通过了认证，每个学校认证专业数1～4个不等，见表1-1。纵观2018年、2019年数据，已经超过2017年之前的历年数据之和，这两年已然成为参加工程教育认证的爆发之年。

表1-1　中国工程教育认证协会计算机类认证通过院校专业一栏表

序　号	学　校	专　业
1	北京航空航天大学	计算机科学与技术
2	山东大学	计算机科学与技术
3	哈尔滨工业大学	计算机科学与技术
4	西安电子科技大学	计算机科学与技术
5	复旦大学	计算机科学与技术
6	华南理工大学	计算机科学与技术
7	同济大学	计算机科学与技术
8	华东理工大学	计算机科学与技术
9	东南大学	计算机科学与技术
10	哈尔滨工程大学	计算机科学与技术

续表 1-1

序　号	学　校	专　业
11	电子科技大学	计算机科学与技术
12	大连理工大学	计算机科学与技术
13	吉林大学	计算机科学与技术
14	合肥工业大学	计算机科学与技术
15	西安交通大学	计算机科学与技术
16	太原理工大学	计算机科学与技术
17	西南交通大学	计算机科学与技术
18	北京交通大学	计算机科学与技术
19	东北大学	计算机科学与技术
20	中国海洋大学	计算机科学与技术
21	四川大学	计算机科学与技术
22	南京航空航天大学	计算机科学与技术
23	南京理工大学	计算机科学与技术
24	杭州电子科技大学	计算机科学与技术
25	浙江工业大学	计算机科学与技术
26	福州大学	计算机科学与技术
27	中山大学	计算机科学与技术
28	西北工业大学	计算机科学与技术
29	国防科学技术大学	计算机科学与技术
30	北京科技大学	计算机科学与技术
31	北京邮电大学	计算机科学与技术
32	湖南大学	计算机科学与技术
33	北京理工大学	计算机科学与技术
34	燕山大学	计算机科学与技术
35	常州大学	计算机科学与技术
36	江苏大学	计算机科学与技术
37	浙江科技学院	计算机科学与技术
38	厦门理工学院	计算机科学与技术
39	河南工业大学	计算机科学与技术
40	昆明理工大学	计算机科学与技术

续表 1-1

序　号	学　校	专　业
41	北京工业大学	计算机科学与技术
42	北京石油化工学院	计算机科学与技术
43	天津理工大学	计算机科学与技术
44	河北工业大学	计算机科学与技术
45	宁波大学	计算机科学与技术
46	河南科技大学	计算机科学与技术
47	湘潭大学	计算机科学与技术
48	深圳大学	计算机科学与技术
49	西安理工大学	计算机科学与技术
50	西安建筑科技大学	计算机科学与技术
51	成都信息工程大学	计算机科学与技术
52	郑州轻工业大学	计算机科学与技术
53	华北水利水电大学	计算机科学与技术
54	青岛科技大学	计算机科学与技术
55	中国海洋大学	计算机科学与技术
56	福建工程学院	计算机科学与技术
57	华侨大学	计算机科学与技术
58	宁波工程学院	计算机科学与技术
59	浙江工商大学	计算机科学与技术
60	浙江农林大学	计算机科学与技术
61	淮阴工学院	计算机科学与技术
62	江南大学	计算机科学与技术
63	南京邮电大学	计算机科学与技术
64	南京工业大学	计算机科学与技术
65	中国矿业大学	计算机科学与技术
66	苏州大学	计算机科学与技术
67	同济大学	计算机科学与技术
68	黑龙江工程学院	计算机科学与技术
69	东北林业大学	计算机科学与技术
70	沈阳航空航天大学	计算机科学与技术

续表 1-1

序 号	学 校	专 业
71	北京科技大学	计算机科学与技术
72	大连理工大学	软件工程
73	吉林大学	软件工程
74	郑州大学	软件工程
75	北京理工大学	软件工程
76	湖南大学	软件工程
77	电子科技大学	软件工程
78	哈尔滨工业大学	软件工程
79	南京理工大学	软件工程
80	浙江工业大学	软件工程
81	安徽大学	软件工程
82	河南工业大学	软件工程
83	青岛科技大学	软件工程
84	福建工程学院	软件工程
85	厦门大学	软件工程
86	杭州电子科技大学	软件工程
87	哈尔滨工程大学	软件工程
88	吉林大学	软件工程
89	东北大学	软件工程
90	大连理工大学	软件工程
91	北京交通大学	软件工程
92	国防科学技术大学	网络工程
93	西安电子科技大学	网络工程
94	温州大学	网络工程
95	西安理工大学	网络工程
96	大连理工大学	网络工程
97	北京信息科技大学	网络工程
98	哈尔滨工程大学	信息安全
99	南京航空航天大学	信息安全
100	湖南大学	信息安全
101	江苏大学	信息安全
102	中国矿业大学	信息安全

截至2020年3月，台湾中华工程教育学会（IEET）的技术教育（TAC）共认证了全国29所高职院校的50个专业。其中，2019年、2020年认证通过32个专业，占全部认证通过专业的64%。纵观已经通过认证的院校和专业，最早是上海健康医学院开启《悉尼协议》认证之路。2018年以前，以广东、福建地区为主，少部分的院校参与了工程认证的活动。2019年、2020年，河北、江苏、黑龙江、浙江地区也开始参与工程认证的活动。基于成果导向教育进行专业建设，通过国际工程认证，正被越来越多的高职学校采用，作为加强专业内涵建设的途径。

1.5　衢州职业技术学院基于成果导向教育理念专业改革现状

1.5.1　改革历程

2015年底，国务院印发《高等职业院校内部质量保证体系诊断与改进指导方案（试行）》要求高职院校要坚持“需求导向、自我保证，多元诊断、重在改进”的工作方针，这也是高职院校在“十三五”建设期间的办学基本原则。教育部印发《高等职业教育创新发展行动计划（2015—2018）》，提到支持“骨干专业建设”，建设一批“优质专科高等职业院校”。《国务院关于加快发展现代职业教育的决定》强调要“创新发展高等职业教育”。教育部等六部委发布的《现代职业教育体系建设规划（2014—2020年）》指出要“优化高等职业教育结构”。可见高等职业教育已经成为中国高等教育的半壁江山，建设国际一流高职院校不仅是我国高职教育发展的既定目标，更是提升国家和地区竞争力的战略举措。我国提出优质高职院校建设，从教育质量的宏观和微观两个层面诠释了我国高职院校建设的目标，这与主要以成果导向教育为主流理论的国家的职业教育目标是一致的。国际工程技术教育认证的特质是“成果导向、多元评估、持续改进”；而成果导向教育理论的精髓是“学生中心、鼓励成功、反向设计、持续改进”。因此，成果导向教育理论是符合国际职业教育大趋势的。

衢州职业技术学院（以下简称学院）地处浙西欠发达地区，2002年成立，办学时间短。如何在高水平建设高等职业院校的大背景下，加强专业内涵建设，找到一种适合的理论和实践的抓手，将学院办成办学特色鲜明、社会评价优良的优质高职院校，成为一个亟待解决的问题。基于对成果导向教育的理论研究及前期网络调研基础之上，2017年上半年由学院领导带队，赴江苏、广东、上海、黑龙江进行成果导向教育的实地调研和考察。暑假期间，组织专业教学团队、骨干教师赴杭州、哈尔滨等地进行成果导向教育理论的相关学习。2018年3月，经学院党委讨论，决定开展以《悉尼协议》为范式的专业建设与改革试点工作，以《悉尼协议》为范式及成果导向教育理念，完成计算机应用技术、计算机网络技术与应用电子技术等3个专业的人才培养模式改革，提高人才培养质量，增强专业核心竞争力。特邀请李坤崇教授进行专业建设咨询，开展为期2年的持续成果导向教育建设与悉尼协议认证的培训和指导工作，制定了详细的工作与培训计划，见表1-2。李坤崇教授曾任台湾成功大学教育所所长、教授与博士生导师，台湾南台科技大学学术副校长及南华大学学术副校长兼教务长；为著名的成果导向教育、工程教育认证专家，带领台湾南华大学、南台科技大学及大陆几所高校推动成果导向教育，通过国际工程教育认证（CEEAA，IEET）、国际商业管理认证（AACSB），精熟成果导向专业建设、工程教育认证准备及认证程序；协助黑龙江职业学院、哈尔滨医科大学护理学院、南京信息职业技术学院、福建三明学院、黎明职业大学等开发成果导向课程与教学，进行专业建设。

表1-2 以《悉尼协议》为范式的专业建设咨询培训规划一览表

阶段	主要内容
基础期	1. 成果导向教育理论培训； 2. 确定校教育目标、核心能力及能力指标； 3. 编制《衢职学生核心能力量表》； 4. 撰写完成三个试点专业的课程大纲及大纲检核表检视； 5. 调整完成三个试点专业的2018级学生课程体系； 6. 提炼校活动课程聚焦五项特色
进阶期	1. 完成《衢职有礼》《衢职有爱》与其他特色活动之完整单项活动及活动课程大纲； 2. 编制《衢职学生健康生活评估量表》《诚信有礼/爱与关怀量表》； 3. 问题导向教学理念与实操； 4. 基本成果导向教育的多元评价； 5. 认知历程向度（知识、技能、素质）； 6. 试点专业各课程单元教学活动设计与单元教学活动检核表检视； 7. 如何撰写课程分析与评估
精进期	1. 统整《衢职有礼》《衢职有爱》两书，定稿； 2. 设计顶石课程及其教学、评量分组实操； 3. 验证《衢职学生核心能力量表》第一次施测结果分析及信度效度验证； 4. TAC-AD九项认证规范的理念与内涵； 5. TAC-AD九项认证规范与成果导向课程发展模式的关系； 6. TAC/AD认证组织法规及制度； 7. TAC-AD自评报告书； 8. 构建专业课程质量保障体系； 9. 《成果导向课程体系的建构、开发与实施》专著初稿

续表 1-2

阶段	主 要 内 容
成果期	1. 改进提升 TAC-AD 自评报告书； 2. 计算机应用技术专业《悉尼协议》认证实地访评准备工作； 3. 完善专业课程质量保障体系； 4.《成果导向课程体系的建构、开发与实施》专著定稿； 5. 提炼基于成果导向教育的专业建设模式； 6. 基于成果导向教育的课堂教学实施反馈与循环改进

1.5.2　基于成果导向教育专业建设成果

目前，学院已经完成了全部的培训计划，相关工作按照既定程序开展，信息工程学院的计算机应用技术、计算机网络技术、应用电子技术等 3 个专业作为试点专业，进行了基于 OBE 的专业建设。完成了校级教育目标、信息工程学院教育目标、专业教育目标的三级教育目标的制定；三级核心能力及能力指标的制定；完成了计算机应用技术、计算机网络技术、应用电子技术等 3 个专业的人才培养方案的权重调整以及相应课程基于 OBE 理念的课程大概的设计、单元教学设计。并于 2018 ~ 2019 学年、2019 ~ 2020 学年进行了课堂教学的实施，形成了完善的课堂教学质量保障体系；定期检视课程与核心能力、教育目标间的关系；定期运用问卷、座谈、访谈等多元方式评估教育目标与核心能力之达成度的长效机制。2020 年 1 月 20 日，衢州职业技术学院计算机应用技术专业通过了 TAC-AD 认证。

伴随着基本成果导向的专业建设工作的开展，专业内涵得到了极大提升，构建了基于成果导向教育的课程体系，并在教学中实施并不断改进。专业建立了“需求引领、成果导向、适性发展、多元评价”三循环人才培养改进机制，“三循环”为短期循环、中期循环和长期循环，每个循环形成一个大的闭合循环，彼此影响，环环相扣，形成了专业严谨流畅、持续运转的课程能力指标达成、专业核心能力达成、专业教育目标达成的循环机制。见图 1-3。

“短期循环”即课程循环机制：以学年为周期，以能力指标为关注点，通过课程实施评量学生能力指标达成度，结合评量结果进行教学反思，提出改进措施，形成课程持续改进机制。

“中期循环”即核心能力循环机制：以 3 年为周期，以核心能力为关注点，通过课程评量、毕业生核心能力问卷调查评量、顶岗实习单位对核心能力问卷调查评量、学生核心能力自测量表评量等多元评量方式，评量毕业生核心能力达成度；召开课程委员会和外部咨询委员会，结合毕业生核心能力达成度评量结果，

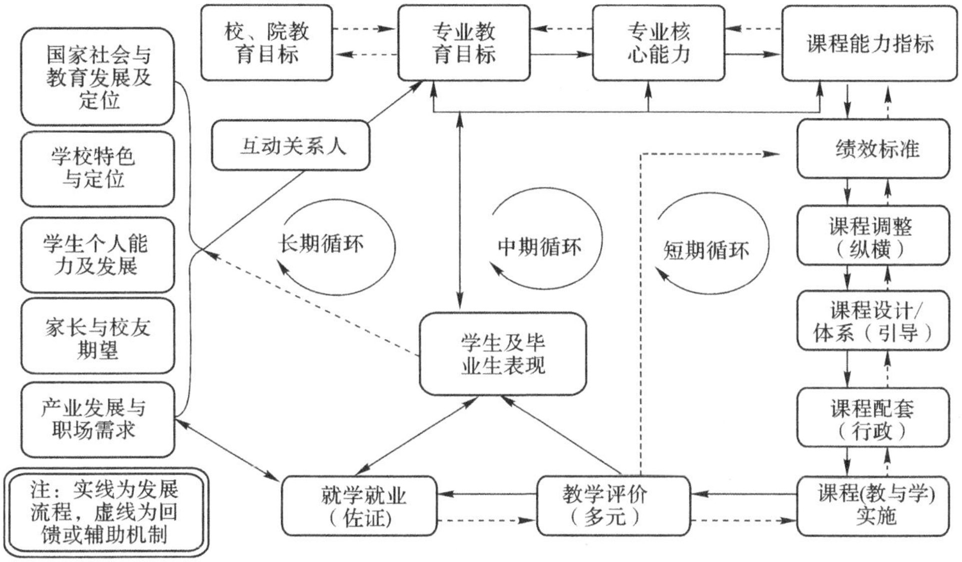

图 1-3 “需求引领、成果导向、适性发展、多元评价”专业持续改进三循环模式图

修订新一年专业学生核心能力，形成核心能力持续改进机制。

“长期循环”即教育目标循环机制：以 6 年为周期，以教育目标为关注点，针对用人单位、校友等利益相关方进行教育目标满意度和达成度调研；召开课程委员会和外部咨询委员会，结合教育目标满意度和达成度调研结果，并根据国家和社会经济需求、产业及行业发展、家长及校友期望、学校特色及专业定位、学生能力及发展，修订教育目标，形成专业教育目标持续改进机制。

成果导向教育是一种学习产出的经验测评，并不限定教师采用什么样的教育方法和教育内容，只是通过指定阶段性的期望为教师指明方向，教育者可以根据自己的专业特色、学科特点、课堂进行实践自行设计形式各样的详细结构、学习路径和模式方法。

2　基于成果导向教育的课程体系构建

基于学习产出的教育模式，在培养目标评价机制的构建、培养目标合理性和达成度评价以及培养目标评价持续改进等方面进行了研究。

2.1　课程体系构建项目分析

2.1.1　教育目标及制定

2.1.1.1　教育目标内涵

1956～1966 年，布卢姆等对教育目标进行了持续研究，提出教育目标包括认知、情感和心理动作领域。有关研究将职业教育目标分为社会能力、操作能力、发展能力三个领域。IEET 将教育目标解释为“学生毕业后 3～5 年应达成的职业生涯与专业成就”，是评价学生毕业后可持续发展的能力，与高职院校实现学生能力培养的价值取向相一致。CEEAA 工程教育认证标准与通用标准中提出的培养目标的涵义与教育目标的内涵相近，即“培养目标是对该专业毕业生在毕业后 5 年左右能够达到的职业和专业成就的总体描述”。

2.1.1.2　教育目标制定

衢州职业技术学院制定教育目标的形成流程严谨。首先通过问卷调查方式收集教师关于学生能力培养的意见，随后召集全校教师代表会议，进行了分组讨论，通过研讨和修订，最终形成了规范的校级、院级和专业级的三级教育目标和核心能力，将作为培养学生能力的重要目标。衢州职业技术学院三级教育目标见表 2-1。

表 2-1　衢州职业技术学院三级教育目标

学　校	信息工程学院	专　业
1. 具备身心健康、爱与关怀和尚德弘毅的匠心型人才； 2. 具备一定专业知识、技术和较强技能的实践型人才； 3. 具备创新意识、沟通协作和解决问题的发展型人才	1. 具备身心健康、爱与关怀和尚德弘毅的匠心型人才； 2. 具备一定电气或电子信息领域专业知识、技术和较强技能的实践型人才； 3. 具备创新意识、沟通协作和解决电气或电子信息领域问题的发展型人才	1. 具备身心健康、爱与关怀和尚德弘毅的匠心型人才； 2. 具备一定计算机应用专业知识、技术和较强技能的实践型人才； 3. 具备创新意识、沟通协作和解决计算机应用技术领域实际问题的发展型人才

教育目标的制订是由学校、学院、专业三级教学管理机构共同完成的。首先，学校成立由主管领导和教务处、科研处、学生处等有关职能部门、各院系主管领导参加的工作组，提出制订教育目标的原则意见，调研内外部需求，外部需求主体为国家、社会和行业、用人单位等，内部需求来源于教育教学规律、学校的办学思想与办学定位、教学主体（学生与老师）的需要等，制订学校教育目标。

其次，学院以教学副院长为负责人，负责贯彻学校文件，组织学院各专业负责人讨论学校原则性意见，结合学院特点提出二级学院教育目标。最后，专业负责人向学院提交专业教育目标，教学副院长再组织包括行业专家在内的专业建设委员会对教育目标进行审议。评审通过后再提交学校教务处组织的专家组评审，审查通过后送学校学术委员会审批。这里所说的专业教育目标即基于成果导向教育理念的教育目标，是专业课程目的的广泛叙述。

2.1.1.3 有效及多元的评估方式以确保教育目标的达成

（1）教育目标达成评估的主要方法。

学院制定了针对教育目标的达成评估的机制（见第1章图1-3），在每年1月中旬开展教育目标重要性、达成度的评估工作，评估的主要方法是对毕业3年以上校友、用人单位进行问卷调查；在每年的校园开放日（5月11日），会组织回校的优秀校友进行座谈；在暑期专业调研过程中，也会到优秀校友所在的企业进行个人访谈。上述三种形式主要询问各项教育目标设置的合理性、重要性以及毕业生在企业工作中对于教育目标的达成度。将评价结果综合分析得出结果反馈，不断改进教学活动，见表2-2。

表2-2 计算机应用技术专业教育目标评估方式

评估内容	受访者	评估方式	评估时间
教育目标重要度、达成度	校友	问卷调查、个人访谈	每年1月中旬
	用人单位	问卷调查、个人访谈	每年1月中旬

（2）教育目标评估执行与结果。

1）校友对教育目标重要性及达成度评估执行说明。专业在2019年1月对毕业3年以上校友开展了教育目标评估调研，调研方式采用问卷调查和个人访谈的方式，目的是了解专业毕业生教育目标的达成度情况和教育目标对职业生涯发展的重要性，问卷实际发放了83份，回收有效问卷82份，回收率为98.7%，调查问卷统计情况见表2-3，数据分析见图2-1、图2-2。

表 2-3　校友对教育目标重要性及达成度调查问卷统计表

评估内容	您认为此项目对于您未来学习及就业的重要性如何？									
1. 具备身心健康、爱与关怀和尚德弘毅的匠心型人才	非常重要		重要		普通		不重要		非常不重要	
	次数	百分比/%	次数	百分比/%	次数	百分比/%	次数	百分比/%	次数	百分比/%
	73	89.0	7	8.5	2	2.5	0	0	0	0
	在校学习三年对专业帮助您达成此项目目标的满意度如何？									
	非常满意		满意		普通		不满意		非常不满意	
	次数	百分比/%	次数	百分比/%	次数	百分比/%	次数	百分比/%	次数	百分比/%
	46	56.1	19	23.2	17	20.7	0	0	0	0
2. 具备一定计算机应用专业知识、技术和较强技能的实践型人才	您认为此项目对于您未来学习及就业的重要性如何？									
	非常重要		重要		普通		不重要		非常不重要	
	次数	百分比/%	次数	百分比/%	次数	百分比/%	次数	百分比/%	次数	百分比/%
	62	75.6	18	22.0	2	2.4	0	0	0	0
	在校学习三年对专业帮助您达成此项目目标的满意度如何？									
	非常满意		满意		普通		不满意		非常不满意	
	次数	百分比/%	次数	百分比/%	次数	百分比/%	次数	百分比/%	次数	百分比/%
	43	52.4	18	22.0	21	25.6	0	0	0	0
3. 具备创新意识、沟通协作和解决计算机应用技术领域实际问题的发展型人才	您认为此项目对于您未来学习及就业的重要性如何？									
	非常重要		重要		普通		不重要		非常不重要	
	次数	百分比/%	次数	百分比/%	次数	百分比/%	次数	百分比/%	次数	百分比/%
	59	72.0	21	25.6	2	2.4	0	0	0	0
	在校学习三年对专业帮助您达成此项目目标的满意度如何？									
	非常满意		满意		普通		不满意		非常不满意	
	次数	百分比/%	次数	百分比/%	次数	百分比/%	次数	百分比/%	次数	百分比/%
	42	51.2	18	21.9	19	23.2	3	3.7	0	0

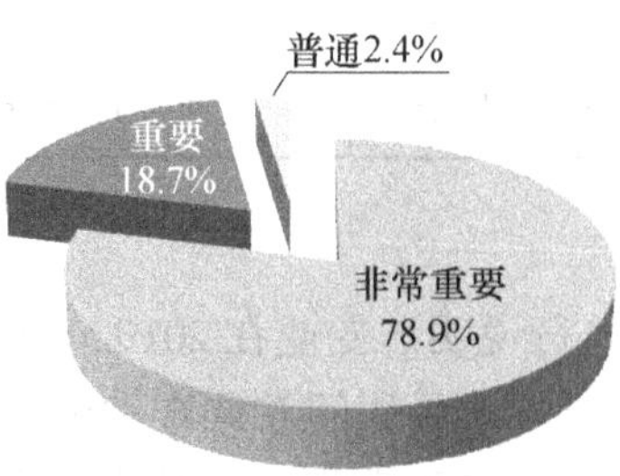

图 2-1　校友对三项教育目标整体重要性评价

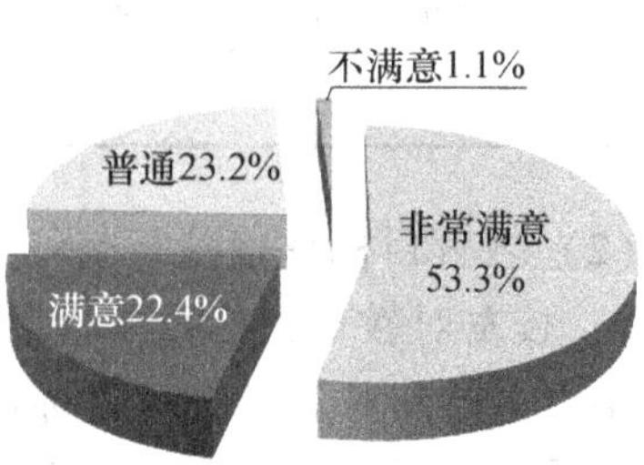

图 2-2　校友对三项教育目标整体达成度评价

2）用人单位对教育目标重要性及达成度评估执行说明。在2019年1月对用人单位展开教育目标评估调研，采用问卷的方式，了解毕业生的教育目标的重要性、达成度情况。问卷实际发放了67份，回收有效问卷65份，回收率97.01%，调查问卷统计情况见表2-4，数据分析见图2-3、图2-4。

表2-4 用人单位对教育目标重要性及达成度调查问卷统计

评估内容	您认为此项目对于本专业学生未来工作的重要性如何？									
1. 具备身心健康、爱与关怀和尚德弘毅的匠心型人才	非常重要		重要		普通		不重要		非常不重要	
	次数	百分比/%	次数	百分比/%	次数	百分比/%	次数	百分比/%	次数	百分比/%
	58	89.2	6	9.2	1	1.6	0	0	0	0
	您对本专业学生达成此项目标的满意度如何？									
	非常满意		满意		普通		不满意		非常不满意	
	次数	百分比/%	次数	百分比/%	次数	百分比/%	次数	百分比/%	次数	百分比/%
	49	75.4	13	20.0	3	4.6	0	0	0	0
2. 具备一定计算机应用专业知识、技术和较强技能的实践型人才	您认为此项目对于本专业学生未来工作的重要性如何？									
	非常重要		重要		普通		不重要		非常不重要	
	次数	百分比/%	次数	百分比/%	次数	百分比/%	次数	百分比/%	次数	百分比/%
	55	84.6	8	12.3	2	3.1	0	0	0	0
	您对本专业学生达成此项目标的满意度如何？									
	非常满意		满意		普通		不满意		非常不满意	
	次数	百分比/%	次数	百分比/%	次数	百分比/%	次数	百分比/%	次数	百分比/%
	41	63.1	20	30.8	4	6.1	0	0	0	0
3. 具备创新意识、沟通协作和解决计算机应用技术领域实际问题的发展型人才	您认为此项目对于本专业学生未来工作的重要性如何？									
	非常重要		重要		普通		不重要		非常不重要	
	次数	百分比/%	次数	百分比/%	次数	百分比/%	次数	百分比/%	次数	百分比/%
	51	78.5	13	20.0	1	1.5	0	0	0	0
	您对本专业学生达成此项目标的满意度如何？									
	非常满意		满意		普通		不满意		非常不满意	
	次数	百分比/%	次数	百分比/%	次数	百分比/%	次数	百分比/%	次数	百分比/%
	39	60.0	21	32.3	4	6.2	1	1.5	0	0

（3）教育目标达成评估结果分析与应用。专业针对教育目标的重要性和达成度进行相关调研，分别对校友和用人单位进行问卷调查，将重要性和满意度通过五项度量表来衡量，最终的评估结果分析如下：

校友对教育目标重要性及达成度评估结果分析：根据校友对问卷调查统计结果显示，平均有97.6%的校友认为教育目标重要，尤其对教育目标一认可程度

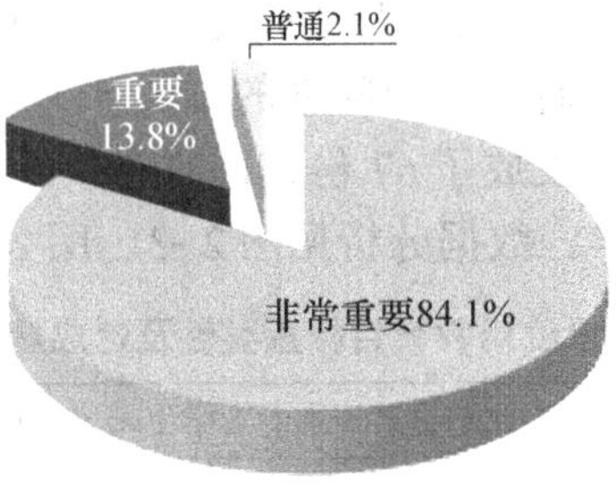

图 2-3　用人单位对三项教育目标整体重要性评价

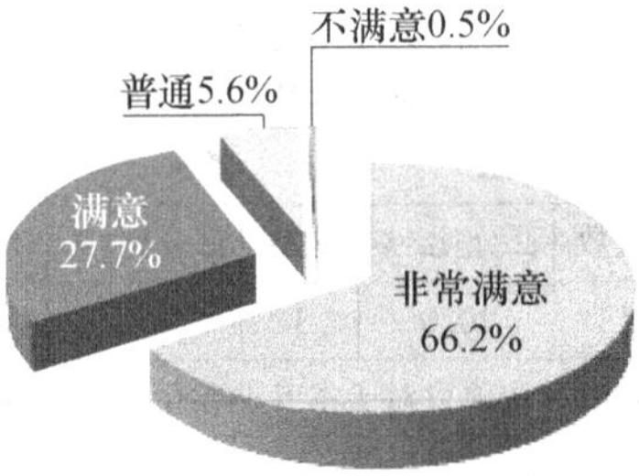

图 2-4　用人单位对三项教育目标整体达成度评价

高，仅有2.4%的校友认为教育目标重要程度一般，说明本专业教育目标设置合理，校友普遍非常认同。

在教育目标达成度方面，平均有98.9%的校友认为达成了专业设定的教育目标，1.1%的校友认为不能完全达成教育目标。认为没有达成教育目标的是针对教育目标三，其原因是个别学生因自学和动手能力弱，对于本行业出现的新技术学习上存在着困难，因而对计算机应用技术领域实际问题的解决能力不满意，下一步专业要加强学生对自学能力的培养，提高学生学习新技术的能力。分析校友的反馈结果，说明校友对教育目标的重要性和达成度给予了充分的肯定。

用人单位对教育目标重要性及达成度评估结果分析：根据用人单位对问卷调查统计结果显示，平均有97.9%的用人单位认为教育目标重要，对目标一、三重要性认可程度高，仅有2.1%的用人单位认为教育目标与企业的需求未完全一致，重要性一般。

在教育目标达成度方面，用人单位满意度较高，达到了99.5%，仅有0.5%的单位认为学生未能完全达成，主要针对的教育目标三，经分析应进一步加强学生创新能力和解决实际问题能力的培养。分析用人单位的反馈结果，说明用人单位对毕业生的教育目标达成情况给予了充分的肯定。

座谈和个人访谈反馈结果分析：通过校园开放日优秀校友座谈活动和专业调研过程中的个人访谈结果分析，校友对教育目标的重要性和达成度与问卷调查结果高度吻合，尤其对教育目标中爱与关怀、创新意识和发展型人才等描述高度认可，进一步说明了本专业教育目标设置合理，校友普遍非常认同。

2.1.2　核心能力、能力指标及制定

2.1.2.1　核心能力内涵

成果导向教育理念中的核心能力即毕业时的学习成果，是学生毕业时应具备的、助力学生取得专业成就的重要能力，是学生未来获得成功所必备知识、技能和素养的整体行动能力，是个人在不同学习或工作场景以及职业发展历程中所表现出的综合素质。毕业要求是描述学生毕业时通过专业学习必须掌握的知识、技能和能力，是学生完成专业学习后取得的学习成果，所以毕业要求即成果导向理念中的核心能力。

2.1.2.2　核心能力及能力指标的制定

2018 年，衢州职业技术学院在成果导向教育理念指导下探索实施成果导向教学改革，将传统以教师为主体的教育变为以学生为主体的教育，实现学生能力培养的目的。在教育目标确定后，依据教育目标和内部需求，结合学院培养特色及教师、校友、学生等的意愿，总结形成了六项核心能力初稿，经过反复研讨，专家审核，确定学校核心能力。

各二级学院结合专业群特点，参酌学校核心能力，制订二级学院核心能力。二级学院核心能力是学校核心能力在专业群具体化的体现，而各专业核心能力则更加具体地体现该专业学生应具有的主要能力，具有鲜明的岗位特点。衢州职业技术学院三级核心能力，见表 2-5。

表 2-5　衢州职业技术学院三级核心能力

学校核心能力	信息工程学院核心能力	计算机应用技术专业核心能力
A 尚德弘毅	A 尚德弘毅	A 尚德弘毅
B 健康关怀	B 健康关怀	B 健康关怀
C 专业知识	C 电气或电子信息领域知识	C 计算机应用技术领域专业知识
D 熟用技能	D 熟用电气或电子信息领域技能	D 熟用计算机应用技能
E 沟通协作	E 沟通协作	E 沟通协作
F 问题解决	F 电气或电子信息领域问题解决	F 计算机应用领域实际问题解决

在成果导向教育理念下，教育目标和核心能力均是对学生毕业时成就的声明。能力指标是把学生所应具备的能力项目转化为可以观察、评量的具体行为，以反映学生的学习表现，可以进一步解释核心能力的内涵。衢州职业技术学院在实施成果导向教学改革过程中，提炼校院核心能力及能力指标。在专业改革

上建置核心能力及能力指标。计算机应用技术专业学生核心能力与能力指标见表2-6。

表2-6　衢州职业技术学院三级核心能力指标

学校能力指标	信息工程学院能力指标	专业能力指标
A1 具备规范意识、社会道德及责任担当的素养	A1 具备规范意识、社会道德及责任担当的素养	A1 具备规范意识、社会道德及责任担当的素养
A2 具备爱岗敬业、宽宏坚毅的品格	A2 具备爱岗敬业、宽宏坚毅的品格	A2 具备爱岗敬业、宽宏坚毅的品格
B1 具备身心健康、自我管理的素养	B1 具备身心健康、自我管理的素养	B1 具备身心健康、自我管理的素养
B2 具备爱与关怀、感恩回馈的素养	B2 具备爱与关怀、感恩回馈的素养	B2 具备爱与关怀、感恩回馈的素养
C1 熟用本专业所需的知识及工具	C1 熟用电气或电子信息领域所需的知识及工具	C1 熟练应用程序设计、数据库、网络管理知识及图形图像处理工具
C2 具备跨课程、专业或企业整合知识、终身学习的能力		C2 具备信息技术领域跨界整合、尊重多元观点和学习新知识新技术的能力
D1 具备一定专业技术、较强技能	D1 具备一定电气或电子信息领域技术、较强技能	D1 具备较强的基于行业和国家规范的用户界面设计或移动应用开发技能
D2 应用专业技术及技能的能力	D2 具备一定的电气或电子信息系统、产品或过程的构思和设计技术及较强的实现和运行技能	D2 具备一定的用户界面或移动应用系统的构思、设计技术及较强的实现和运行技能
E1 具备倾听理解、有效表达沟通的能力	E1 具备倾听理解、有效表达沟通的能力	E1 具备倾听理解、有效表达沟通的能力
E2 具备组织协调、团队协作的能力	E2 具备组织协调、团队协作的能力	E2 具备组织协调、团队协作的能力
F1 具备创新意识、创意思维或创业精神	F1 具备创新意识、创意思维或创业精神	F1 具备创新意识、创意思维或创业精神
F2 具备发现、分析及解决问题的能力	F2 具备发现、分析及解决电气或电子信息领域问题的能力	F2 具备发现、分析及解决计算机应用技术专业实际问题的能力

2.1.2.3 核心能力达成度评价

专业通过直接评价法和间接评价法两种方式对应届毕业生毕业要求（核心能力）的达成情况进行评价。直接评价法包括顶点课程课程评价、学生核心能力自测量表评价；间接评价包括毕业生核心能力问卷调查和实习用人单位问卷调查两种评价方式。

（1）直接评价法。

1）顶点课程评价。顶点课程是为临近毕业的学生所开设的使学生反思和整合所学知识技能，帮助学生成功过渡到职业生涯的一门课程，是检视学生学习成果的重要方式之一。该课程教学目标要涵盖专业全部核心能力，即将本专业所要求的核心能力在该实践课程中得以体现。该课程涉及专业人才培养方案中主要核心课程，通过具体工作内容将各课程合理组合在一起，从而在理论上打破传统教学研究各自为政，环节脱离的缺点，真正意义上融合专业知识。通过本课程的设计与考核，使学生能站在一定理论高度对专业以及自身能力有一个清晰认识与评判。

学生在完成所有内容后，由教师根据完成情况进行评分，评分主要结合各项核心能力进行，制定评分标准，根据任务内容分配各核心能力的分值比重，科学客观地评价。最后根据 Capstone 课程成效及毕业要求达成度情况进行分析与持续改进。

2）学生核心能力自测量表评价。核心能力自测量表是学生核心能力评量的重要组成部分，是教学质量评价的重要参照，是帮助学生了解六项核心能力达成度程度的重要依据。

专业以核心能力指标内涵为切入点，基于国际标准化的量表编制过程制定专业核心能力自测量表。可对学生进行预测试，采取 SPSS 统计方法分析其结果，经内部一致性、内容信度和专家效度测验后，确定了量表的最终题目。为了提高量表的信度，量表中可设计两组一致性题目，若学生一致性题目出现自相矛盾的情况，则视为废卷。通过学生核心能力自测量表测试展现学生具备核心能力。

（2）间接评价法。该评价法是通过核心能力问卷调查展现学生具备核心能力。

1）通过毕业生核心能力问卷调查展现学生具备核心能力。专业设计核心能力调查问卷，核心能力具备程度采用 5 分制，即完全符合 5 分，大部分符合 4 分，多数符合 3 分，少数符合 2 分，极少数符合 1 分。学生根据实际情况量化打分，其结果将作为修订专业教育目标、核心能力、能力指标和人才培养方案的重要依据，此方法可以真实反映应届毕业生核心能力的具备程度，并且提升教学质量，提高学生学习成效。

2）通过毕业生顶岗实习单位问卷调查展现学生具备核心能力。为间接了解毕业生具备的核心能力情况，进一步掌握实习用人单位的新需求，专业可每年组织顶岗实习单位进行问卷调查，被调查的顶岗实习单位的单位性质和规模要具有代表性。学生核心能力具备程度采用5分制，即完全符合5分，大部分符合4分，多数符合3分，少数符合2分，极少数符合1分。顶岗实习单位根据学生表现进行量化打分，其结果将作为修订专业教育目标、核心能力、能力指标和人才培养方案的重要依据。此方法可以间接反映应届毕业生核心能力的具备程度。

2.1.3　课程设计与教育目标的对应关系

2.1.3.1　课程与专业教育目标具有较强的关联性

课程委员会构建了由通识课程、专业基础课程、专业核心课程、专业拓展课、独立设置综合实践课程组成的正式课程，并将素质拓展课程（活动课程）纳入到人才培养方案中，按比例将核心能力分配到正式课程和活动课程。依据专业教育目标，通过核心能力构建起课程与教育目标关联。实现课程教学目标、核心能力、教育目标纵向连贯，见表2-7。

表2-7　计算机应用技术专业教育目标与课程设计关联表

教育目标	课程设计理念
1. 具备身心健康、爱与关怀和尚德弘毅的匠心型人才	计算机应用技术相关工作岗位需要学生具备规范意识、身心健康、自我管理的素养及爱与关怀、宽宏坚毅的品格，开设如下课程达成教育目标： 1. 正式课程：通识课程“思想道德修养与法律基础”“毛泽东思想与中国特色社会主义理论体系概论”“形势与政策教育”“基础体能”“实用体育”“大学生心理健康教育”“职业生涯规划”； 2. 活动课程：“3221联系活动”“向日葵志愿服务队”“新生始业教育”“青春成人礼”“清明节缅怀先烈活动”“橙色公益活动”“国旗下的有礼教育”
2. 具备一定计算机应用专业知识、技术和较强技能的实践型人才	计算机应用技术相关工作岗位需要学生具备熟练应用计算机软件及开发工具，能按准流程进行软件开发的能力，开设如下课程来达成教育目标： 1. 正式课程：通识课程（“高等数学”“行业英语”）、专业基础课程（“办公软件高级应用”“数据库技术”“Intranet组建与管理”）、用户界面设计方向核心课（“Illustrator图形制作”“移动WEB开发”“网页脚本技术”）、移动应用开发方向核心课（“Web后端技术（PHP）”“Android应用开发”“Java程序设计”）、Capstone课程“毕业设计”、专业综合实践课程“顶岗实习”； 2. 活动课程：“全国软件专业人才设计与创业大赛”“浙江省大学生程序设计竞赛”“新苗人才培养计划”“信工文化节”“读书沙龙”“‘书香四溢’读书周活动”

续表 2-7

教育目标	课程设计理念
3. 具备创新意识、沟通协作和解决计算机应用技术领域实际问题的发展型人才	计算机应用技术相关工作岗位需要学生具备沟通协作、创新意识和解决实际问题的能力，开设如下课程达成教育目标： 1. 正式课程：通识课程（“口语交际”“基础英语”“创新创业”）、用户界面设计方向拓展课（“微信小程序开发”“商品拍摄与处理”“Premiere 视频编辑”“网页设计实训”“电商视觉设计实训”）、移动应用开发方向拓展课（“前端框架技术”“云计算基础与应用”“移动 Web 开发实训”“动态网站开发实训”“Android 应用开发实训”）； 2. 活动课程：“浙江省大学生多媒体作品设计竞赛”“浙江省大学生商务竞赛”“浙江省大学生服务外包创新应用大赛”“数字科技节”“暑期社会实践”

2.1.3.2 课程设计达成教育目标的方式

（1）课程结构设计达成专业教育目标。根据成果导向理念，遵循反向设计原则，构建由正式课程和活动课程组成的课程结构。依据专业教育目标的定位，在市场调研的基础上，按照职业岗位群规划设置了用户界面设计方向和移动应用开发方向，学生可根据自身的学习能力和兴趣选择不同的专业方向，为学生的发展提供了多元学习和清晰明确的路径，使学生具备计算机应用技术专业知识和较强的用户界面设计或移动应用开发的能力，具备以专业为依托的横向扩展能力和自我发展潜能实现了个性需求与全面发展的统一。

落实素质教育，将学生活动纳入通识课程，构建以职业综合素养为取向的通识教育课程体系，以通识教育理念为依托来更好的实现与专业课程的无缝对接。

（2）正式课程设计达成专业教育目标。正式课程分为通识课程和专业课程。通识课程旨在培养学生道德责任、人文底蕴、创新意识和科学精神，不断提高独立思考、跨界整合、沟通协作和终身学习等核心能力。

专业课程包括专业基础课、专业核心课、专业拓展课和独立设置综合实践课程。专业基础课程是两个方向所必备的共同基础知识和基本技能的平台课程；专业核心课程突出职业岗位与专业的内在联系，旨在岗位核心能力的培养，形成课程结构的核心支撑；专业拓展课程旨在拓宽学生职业能力范围，充实学生的岗位能力；独立设置综合实践课程旨在突出学生职业综合实践能力的培养，以综合实训课程和顶点课程促进学生学习成果的达成。

（3）活动课程设计达成专业教育目标。整合有关学生活动改造成活动课程，在人才培养方案中设立相应的素质拓展课程设计学分，实现学生活动课程化。活动课程分为大一有礼健康年、大二专业协作年、大三实习就业年。有礼健康年包括衢职有礼、衢职有爱、衢职健康、衢职悦读四个方面，旨在培养学生诚信有礼、身心健康。“衢职有礼”包括见礼（参观感受）、明礼（学习感悟）、献礼

(践行奉献)；“衢职有爱”包括拥有爱、感恩爱、奉献爱三个部分；“衢职健康”包括心理健康和价值观人格的培养；“衢职悦读”包括温故知新、明礼笃学；专业协作年包括衢职强技，双赛双创，旨在培养学生专业协作、强能强技。“衢职强技”中的“双赛”“双创”包括职业技能、通用技能、创新创业等活动。实习就业包括正式课程、非正式课程以及各专业实习就业成果的活动，旨在帮助学生实习就业、创新创业。

本专业的活动课程旨在进一步提升学生专业技能及职业素养，促使学生形成团队合作、勤于钻研、学习创新、爱岗敬业的优秀品质，活动课程是计算机应用技术专业人才培养过程中的重要环节。专业课程体系设计过程中，为配合正式课程达成教育目标，本专业同时开展活动课程，使学生在课堂上无法训练的能力在活动中得以达成。基本素质培养体系与专业能力培养体系相互渗透，正式课程与活动课程相互融合。开展形式多样的活动课程，极大地提高了学生的综合素质、创新意识和实践动手能力。

2.1.4　课程设计与核心能力的对应关系

学生核心能力是课程设定的基础，对核心能力合理性的剖析是关键。如果要按照核心能力来制定培养方案，则专业所有安排的课程需要根据核心能力通盘考量，以兼顾技能的培养和专业知识的实际运用。为适应未来社会的发展与企业的需求，本专业的课程着重基础能力与工程能力的培养，利用各种实训课程来激发学生学习的兴趣，并以此促进知识的吸收，落实“做中学、学中做”的效果。

基于成果导向的课程体系构建，要求课程体系完全支撑核心能力，核心能力与课程体系的对应关系一般用课程矩阵表达，详细说明每门课程支撑哪些毕业要求，并要确定各自的权重。核心能力与课程体系的关联是国际认证过程中必须的，也是推动高等职业教育教学国际化进程的重要依托。课程的设定与核心能力有关，不同专业设定的不同的核心能力也会配备不同的课程。每年实际开课清单以及课程与毕业生核心能力关联表见表2-8。

表2-8　每年实际开课清单以及课程与毕业生核心能力关联表

××学年度												
年级	上下学期	课程名称	学分数	必/选修	核心能力1	核心能力2	核心能力3	核心能力4	核心能力5	核心能力6	…	…
一	上	普通物理（上）	3	必	■	■						

续表 2-8

××学年度												
年级	上下学期	课程名称	学分数	必/选修	核心能力 1	核心能力 2	核心能力 3	核心能力 4	核心能力 5	核心能力 6	…	…
一	下	工程力学	3	必		■	■					
…												
…												

2.1.5　顶石课程

基于成果导向的课程体系构建，要求顶石课程必须覆盖所有或绝大部分核心能力。

顶石课程可以是总整课程、专题制作、专题实作、毕业专题等。它被定义为大学教育的“最后一公里”，一般在高年级开设。顶石课程旨在统整和深化所学，稳固学习效果。关键在培养学生的团队协助，动手能力，整合所学的能力，是验证学生专业性和通用性核心能力的有力课程。

顶石一词起初被认为是建筑物最顶端，最后一块石头，用以稳固建筑结构，以期顺利完工。见图 2-5。将顶石课程用于教与学，见图 2-6。

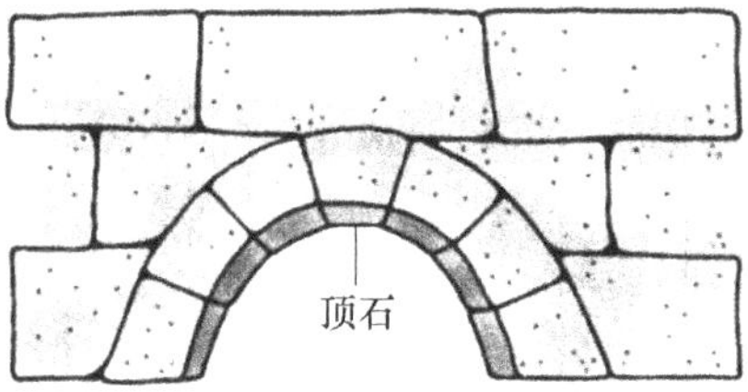

图 2-5　顶石示意图

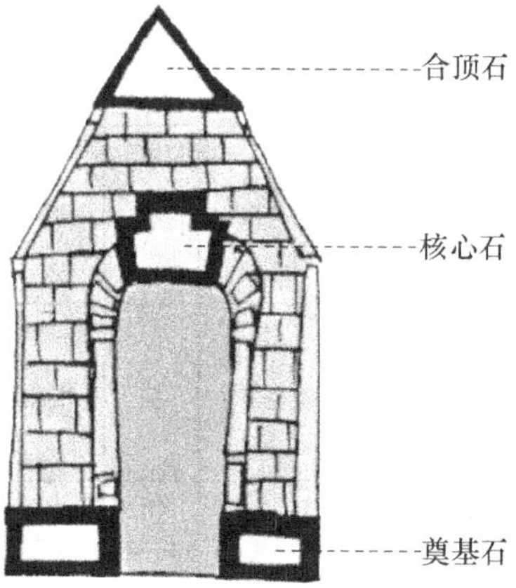

图 2-6　教与学的合顶石-总整课程

（图片来源于：“国立台湾大学教学发展中心”）

顶石课程提供学生在大学教育最后、最巅峰的学习经验，使学生能够统整与深化大学所学，配合基础课程、核心课程，让学习稳固完成。顶石课程体系见图 2-7。

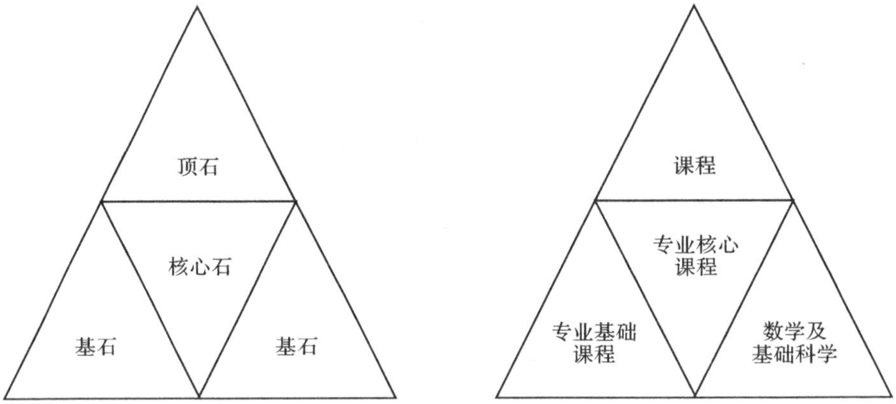

图 2-7　顶石课程体系

检验顶石课程与核心能力的联结作为一种评量方式，能很好地解决毕业生是否能够达到所需核心能力的问题。将顶石课程的内容分解成学生需要具备的核心能力，并设置对应的比例，这样可以清楚地看出专业设置的顶石课程的内涵是否针对毕业生的核心能力。表是衢州职业技术学院计算机应用技术专业毕业综合实践课程对每一组学生的核心能力的评量联结表。见表 2-9。

表 2-9　毕业综合实践课程对学生核心能力评量联结表　　(%)

专业核心能力（权重）	1 组	2 组	3 组	4 组	5 组	6 组	7 组	8 组	9 组	10 组	11 组	12 组
A 尚德弘毅	90	85	95	90	85	90	85	85	85	90	90	85
B 健康关怀	85	80	90	85	85	85	85	80	85	90	90	80
C 计算机应用技术领域专业知识	85	80	95	90	80	80	85	80	85	90	90	70
D 熟用计算机应用技能	90	75	95	95	75	85	85	80	80	95	90	70
E 沟通协作	80	70	85	85	75	85	85	75	90	90	85	75
F 计算机应用领域实际问题解决	80	75	90	85	75	80	85	80	90	85	80	70
各组总分	85	76	92	89	78	84	85	80	86	90	87	74

续表 2-9

专业核心能力（权重）	13 组	14 组	15 组	16 组	17 组	18 组	19 组	20 组	21 组	22 组	23 组	平均
A 尚德弘毅	85	90	85	90	80	85	90	70	85	85	85	86
B 健康关怀	85	85	85	90	75	80	88	65	75	80	80	83
C 计算机应用技术领域专业知识	80	90	80	90	80	75	88	70	75	90	80	83
D 熟用计算机应用技能	80	95	80	95	79	78	85	70	85	90	80	84
E 沟通协作	85	85	80	90	80	80	85	70	75	80	80	81
F 计算机应用领域实际问题解决	75	85	80	87	75	75	83	68	75	80	80	80
各组总分	81	89	81	91	78	78	86	69	79	85	81	83

2.2 基于成果导向教育人才培养课程体系开发

2.2.1 课程体系的价值内涵

目前，成果导向教育已经被很多教育工作者所接受，在教学过程中被积极应用。成果导向课程体系主要强调以下 4 个方面的问题：

（1）想让学生取得什么样的学习成果？

（2）为什么要让学生取得这样的学习成果？

（3）如何有效地帮助学生取得这些学习成果？

（4）如何知道学生已经取得了这些学习成果？

成果导向课程体系的理念正好迎合了新时期高等职业教育人才培养的目标，高等职业教育的人才培养目标是“把需要工作的学生，培养成工作需要的职业人”。以此为目标，专业建设就要以“培养合格的职业人”为核心，调研、分析专业工作岗位需要具备的职业基本能力，构建成果导向的课程体系。

专业课程体系的构建是基于未来学生工作岗位的需求，即成果导向。专业深入调研相应行业企业；在分析调研的基础上企业专家与专业教师共同分析人才定位，对各岗位的任务、知识要求、技能要求进行全面系统的分析，明确岗位工作流程和岗位能力；从工作任务中提炼出典型的工作任务，确定出行动领域，转化成相应的学习领域，以工作岗位知识能力需求为导向构建新的人才培养方案，形成成果导向的课程体系，以工作过程为主线确定课程结构，课程的设置紧贴企业岗位的需求，以职业能力为本位构建课程内容，以职业标准（要求）为依据确定技能要求，以工作任务为根本设计学习情境；能根据工作岗位的需求，有目标性、针对性地培养学生。

2.2.2　课程体系的调整历程

2.2.2.1　课程检视

依据三级核心能力及能力指标，根据向下设计的原则对原有课程结构进行检视，并给出课程调整的建议。检视内容包括课程教学目标与三级核心能力及能力指标的一致性、课程教学单元与学习成果的对应关系、课程内涵与能力指标的一致性，作为课程调整的依据。

2.2.2.2　预设权重

核心能力权重分析方法是我校实现课程设计及内容与教育目标一致的主要路径。通过问卷调研法、统计平均法、头脑风暴法和会议决策法，以5%为基本单位确定学校各项核心能力的权重。衢州职业技术学院学生核心能力权重总分配表见表2-10。

表2-10　衢州职业技术学院学生核心能力权重总分配表

权重	A 尚德弘毅	B 健康关怀	C 专业知识	D 熟用技能	E 沟通协作	F 问题解决	合计
学校核心能力	10	10	20	35	10	15	100

六项核心能力权重分配好后，再确定正式课程、素质通识课程、专业课程和非正式课程的核心能力权重。衢州职业技术学院学生各项核心能力权重分配表见表2-11。

表2-11　衢州职业技术学院学生各项核心能力权重分配表

权重	A 尚德弘毅	B 健康关怀	C 专业知识	D 熟用技能	E 沟通协作	F 问题解决	合计
学校核心能力	10	10	20	35	10	15	100
正式课程能力（70）	10	10	20	35	10	15	100
素质通识课程（1/4）	30	20	10	10	20	10	100
专业课程（3/4）	3.33	6.67	23.33	43.33	6.67	16.67	100

续表 2-11

权重	A 尚德弘毅	B 健康关怀	C 专业知识	D 熟用技能	E 沟通协作	F 问题解决	合计
非正式课程能力（30）	10	10	20	35	10	15	100

注：1. 正式课程与非正式课程比为 7∶3；

2. 素质通识课与专业课比为 1∶3；

3. 选修课开设科目、数量应呼应六力目标权重，限选课程纳入权重计算，并纳入雷达图。任选课不纳入权重计算，但纳入学生核心能力雷达图；

4. 可上下调整 20%。

全体教师以调研分析、民主研议、统筹布局、加权计算的路径，按照校核心能力权重及专业核心能力指标的贡献度，确定专业课程的核心能力指标权重和通识课程的核心能力指标预设权重。见表 2-12。

表 2-12 衢州职业技术学院专业核心能力、能力指标权重

核心能力	A 尚德弘毅		B 健康关怀		C 专业知识		D 熟用技能		E 沟通协作		F 问题解决	
校整体	10		10		20		35		10		15	
校专业	3.33		6.67		23.33		43.33		6.67		16.67	
能力指标	A1	A2	B1	B2	C1	C2	D1	D2	E1	E2	F1	F2
校专业	2.22	1.11	3.34	3.33	17.50	5.83	28.89	14.44	3.34	3.33	5.56	11.11
通识核心能力	30		20		10		10		20		10	
能力指标	22.5	7.5	10	10	5	5	6.67	3.33	10	10	3.33	6.67

注：可上下微调 20%。

2.2.2.3 分析权重

全体教师将每门课程的教学目标与核心能力指标进行对标分析，通过核心能力权重分配建立课程与教育目标、核心能力的关联，填报各门课程的能力指标权重统计表，构建符合教育目标的课程组合，实现课程设计及内容与教育目标的紧密联系。利用加权平均法，对填制的专业课程和素质通识课程的能力指标权重统计表数据进行统计分析，分析现有课程能力指标与预设能力指标权重的关系。

2.2.2.4 课程调整

根据权重分析的结果，制定课程调整方案，提出卓越之处、落差之处、重叠之处、改进部分和发展部分的修改建议。根据课程调整方案进行课程教学目标调整、课程内容调整、新课程开发、课程结构调整和开课次序调整，实现课程教学目标与三级核心能力及能力指标一致，并促进大多数学生达成学习成果，最终完成成果导向课程的调整。

2.2.3　课程体系调整实例

2.2.3.1　人才培养目标的确定

在专业建设的过程中，首先要明确人才培养的目标，课程体系要契合人才培养目标。以计算机应用技术专业为例，在总结分析企业调研，参考来自行业、企业专家、能工巧匠的建议后，制定出本专业人才培养的目标：培养思想政治坚定、德智体美劳全面发展，具备身心健康、爱与关怀和尚德弘毅的匠心型人才；具备一定计算机应用专业知识、技术和较强技能的实践型人才；具备创新意识、沟通协作和解决计算机应用技术领域实际问题的发展型人才，适应信息技术产业发展需要、面向用户界面设计、移动应用开发等领域的高素质劳动者和技术技能人才。

2.2.3.2　工作岗位细分

以计算机应用技术专业为例，根据信息技术行业企业的主要组织结构，专业团队对该专业高职培养的技术技能人才将来从事的工作岗位进行了细分，区分为用户界面设计和移动应用开发两大领域，各领域又细分了核心岗位和拓展岗位，并分析了岗位的能力要求，见表2-13。

表2-13　计算机应用技术专业岗位及岗位能力细分

岗位 \ 就业领域	用户界面设计	移动应用开发
核心就业岗位	平面设计师	移动应用开发工程师
核心岗位能力分析	敏锐的视觉表达能力； 一定的艺术修养； 对设计有自己独到想法； 会操作各种设计软件； 良好的人际交往和沟通能力	系统集成能力； 数据库操作代码编写能力； 应用层开发和集成、实施能力； 文档设计编写能力； 具备较好的团队合作能力、语言表达能力
拓展发展岗位	UI设计师	移动应用软件测试工程师
拓展发展岗位能力分析	较高的艺术修养，优异的鉴赏能力； 具有独特创意和审美能力，对设计有浓厚的热情； 熟练操作各种设计软件； 对后期制作、印刷的工艺及流程具有较强把控能力； 工作讲究效率与品质； 具备优秀的职业道德； 为人正直性格开朗，良好的人际交往和沟通能力	能熟练使用常用的测试软件； 用正确的方法对项目进行有效的测试； 能按照正确格式书写软件设计及测试文档； 具备较好的团队合作能力、语言表达能力

随着成果导向教育教育教学理念的逐步深入实施，运用课程能力指标频次与权重统计方法，本专业不断微调课程组合与课程教学内容，以实现课程组成与教学实施更加贴近行、企人才需求，更加紧密的对应教育目标、核心能力与能力指标。具体调整情况如下：

(1) 2017 级课程调整情况。随着虚拟现实、增强现实技术在行业中的推广应用，专业将效果图制作专业方向调整为 VR 应用开发方向。将“3ds Max 建筑效果图制作”“建筑效果图后期处理”“VRay 建筑效果图渲染”“三维建筑动画制作”“三维模型设计与制作”整合为一门课程“3ds Max 效果图制作”。新增课程“Windows 程序设计（C#）”“ity3D 开发”“R 游戏设计”“用开发综合实训”面对行业中对于 iOS 开发工程师的需求减少的现状，移动开发方向的课程删减了“ava web 编程”“S 应用开发”新增了“eb 后端技术”“ity3D 开发”。

(2) 2018 级课程调整情况。为增强学生新一代信息技术产业的综合适应能力，提高学生适应工作岗位的专业专项能力，将 2017 级的 4 个专业方向，即移动应用开发、用户界面设计、网站开发、VR 应用开发，整合为移动应用开发、用户界面设计两个方向。将“络数据库技术”课程改为“数据库技术（MySQL）”“站前端设计”改为“eb 前端基础”“I 图形制作”改为“Illustrator 图形制作”删减课程“页动画设计”“网店装修设计与编辑”“网站运营与推广”“网站项目管理”“淘宝美工实训”，新增课程“商品视觉设计”“商品拍摄与处理”“微信小程序开发”“ython 语言基础”“电商视觉设计实训”。

课程委员会中专家提出应加强学生素质通识课程的开设，课程内容应更全面、更细化，并依据“衢州职业技术学院关于制（修）订 2018-2020 级人才培养计划的指导意见”中分阶段实施通识课程教育改革行动计划，因此将创新创业课程分解为三门，分散到不同学期开设。原来 6 学分的任意选修课分解为交叉选修课（4 学分）和任意选修课（2 学分）。

2.2.3.3 课程核心能力权重分析

计算机应用专业根据专业方向分别建制相应的课程能力指标频次与权重统计表。先分类统计出每门课程的学分和能力指标权重，再按照专业基础课、专业核心课、专业拓展课、综合实践课分别用学分加权统计各项能力指标权重，再把各类课程总体加权计算专业核心能力指标总权重。将以上实际计算出的权重与预设的专业能力指标权重对比计算偏差。见表 2-14。

表 2-14　计算机应用技术专业（用户界面设计方向）所有课程能力指标频次与权重（调整前）

核心能力			学分	尚德弘毅（A）		健康关怀（B）		专业知识（C）		熟用技能（D）		沟通协作（E）		问题解决（F）	
课程名称		能力指标		频次		频次		频次		频次		频次		频次	
				A1	A2	B1	B2	C1	C2	D1	D2	E1	E2	F1	F2
专业基础	1	PhotoShop 图像处理	4	15				25		30	30				
	2	C 语言程序设计	4					40		35	10		15		
	3	办公软件高级应用	3	15				20		45					20
	4	数据库技术（MySQL）	4	10				40		40					10
	5	Intranet 组建与管理	4	10				25		40	15				10
	小计		19	9.74	0.00	0.00	0.00	30.53	0.00	37.63	11.58	0.00	3.16	0.00	7.37
专业核心	6	Web 前端基础	4					15	15	20	35		15		
	7	Illustrator 图形制作	6	15			10	25		15	10				25
	8	移动 WEB 开发（HTML5+CSS3）	6					30		30	15		10		15
	9	网页脚本技术（JavaScript+jQuery）	5					30		35	20		15		
	10	电商视觉设计	4	15				15	15	20	35				
	11	3ds Max 效果图制作	4.5		15			25		30	15				15
	小计		29.5	6.32	3.16	0.00	2.11	24.74	3.16	25.53	18.95	0.00	4.47	0.00	11.58

续表 2-14

核心能力			学分	尚德弘毅（A）		健康关怀（B）		专业知识（C）		熟用技能（D）		沟通协作（E）		问题解决（F）	
课程名称		能力指标		频次		频次		频次		频次		频次		频次	
				A1	A2	B1	B2	C1	C2	D1	D2	E1	E2	F1	F2
专业拓展	12	微信小程序开发	4					15	15	20	35		15		
	13	平面与色彩构成	3					40		40				20	
	14	商品拍摄与处理	4	10				30		30			15		15
	15	界面原型设计	4	10				30		20	15		10		15
	16	AutoCAD 识图与制图	4	20				20		40					20
	17	视频编辑	4.5					30		35			15		20
	小计		23.5	7.89	0.00	0.00	0.00	30.00	0.00	33.68	2.37	0.00	7.89	4.21	13.95
综合实践	18	网页设计实训	1							30	25		20		25
	19	移动 Web 开发实训	1	20						30	25				25
	20	电商视觉设计实训	1	15					15	20	25				25
	21	效果图制作实训	1							30	25		20		25
	22	毕业综合实践	10		10				15	15	15	10	10	10	15
	23	顶岗实习	8		15	10		10	10	15	15	10			15
	小计		22	7.98	0.00	0.00	0.00	6.32	3.16	28.67	20.24	0.00	10.08	0.89	22.67
专业课能力指标（实际）权重			94	7.79	0.99	0.00	0.66	22.91	1.73	30.75	13.61	0.00	6.38	1.26	13.92
预设（目标）权重				2.22	1.11	3.34	3.33	17.50	5.83	28.89	14.44	3.34	3.33	5.56	11.11
偏差				5.57	-0.12	-3.34	-2.67	5.41	-4.10	1.86	-0.83	-3.34	3.05	-4.30	2.81

课程调整分析：

（1）因 C、D 整体差距小于 20%，可维持原课程名称、数量，即不用增减课程。

（2）能力指标中差距大于 20% 者，A1 多出 5.57%、E2 多出 3.05%，B1、B2、E1 及 F1 依序不足 3.34%、2.67%、3.34% 及 4.30%。

（3）调整课程内各能力指标权重的原则：

1）课程中有 A1（规范）者斟酌减少转而增加 F1（创新）。

2）大一上学期专业必修课程强化 B1（自我管理），以增加 B1 权重。

3）课程中有 E2（协作）者斟酌减少转而增加 B2（组内关怀与感恩回馈）。

4）为维持专业素养，C、D 整体以不小于校专业核心能力权重为原则。见表 2-15、表 2-16。

表 2-15　计算机应用技术专业（用户界面设计方向）
所有课程能力指标频次与权重（调整后）

核心能力			学分	尚德弘毅（A）		健康关怀（B）		专业知识（C）		熟用技能（D）		沟通协作（E）		问题解决（F）	
课程名称		能力指标		频次		频次		频次		频次		频次		频次	
				A1	A2	B1	B2	C1	C2	D1	D2	E1	E2	F1	F2
专业基础	1	PhotoShop 图像处理	4			10		20		30	25			15	
	2	C 语言程序设计	4			10		25		40	15		10		
	3	办公软件高级应用	3			10		25		45					20
	4	数据库技术（MySQL）	4	10				40		40					10
	5	Intranet 组建与管理	4	10				20		40	15				15
	小计		19	4.21	0.00	5.79	0.00	26.05	0.00	38.68	11.58	0.00	2.11	3.16	8.42
专业核心	6	Web 前端基础	4				15	15	15	20	20			15	
	7	Illustrator 图形制作	6				10	20		30	20			10	10

续表 2-15

核心能力			学分	尚德弘毅(A)		健康关怀(B)		专业知识(C)		熟用技能(D)		沟通协作(E)		问题解决(F)	
课程名称		能力指标		频次		频次		频次		频次		频次		频次	
				A1	A2	B1	B2	C1	C2	D1	D2	E1	E2	F1	F2
专业核心	8	移动 WEB 开发(HTML5+CSS3)	6					35		35			15		15
	9	网页脚本技术(JavaScript+jQuery)	5				15	30		35	20				
	10	电商视觉设计	4	15				15	15	20	35				
	11	3ds Max 效果图制作	4.5					15		35	20		15		15
	小计		29.5	2.03	0.00	0.00	6.61	22.63	4.07	29.92	17.97	0.00	5.34	4.07	7.37
专业拓展	12	微信小程序开发	4					15	15	20	35		15		
	13	平面与色彩构成	3					20		50		15		15	
	14	商品拍摄与处理	4					25		45				15	15
	15	界面原型设计	4					25		30	15		15		15
	16	AutoCAD 识图与制图	4		15			25		45					15
	17	视频编辑	4.5					15		35	15			15	20
	小计		23.5	0.00	2.55	0.00	0.00	20.74	2.55	36.91	11.38	1.91	5.11	7.34	11.49
综合实践	18	网页设计实训	1						0	30	25		20	0	25
	19	移动 Web 开发实训	1				15			30			15	15	25
	20	电商视觉设计实训	1						15	20	25			15	25
	21	效果图制作实训	1			20			15	20	20				25

续表 2-15

核心能力			学分	尚德弘毅（A）		健康关怀（B）		专业知识（C）		熟用技能（D）		沟通协作（E）		问题解决（F）	
课程名称		能力指标		频次		频次		频次		频次		频次		频次	
				A1	A2	B1	B2	C1	C2	D1	D2	E1	E2	F1	F2
综合实践	22	毕业综合实践	10	5	5	5	5	5	10	10	15	10	10	5	15
	23	顶岗实习	8		5	10	5	5	10	10	15	15		10	15
	小计		22	2.27	4.09	6.82	4.77	4.09	9.55	12.73	15.45	10.00	6.14	7.27	16.82
专业课能力指标（实际）权重			94	2.02	1.60	2.77	3.19	18.51	4.15	29.41	14.44	2.82	4.81	5.45	10.82
预设(目标)权重				2.22	1.11	3.34	3.33	17.50	5.83	28.89	14.44	3.34	3.33	5.56	11.11
权重偏差				-0.20	0.49	-0.57	-0.14	1.01	-1.68	0.52	0.00	-0.52	1.48	-0.11	-0.29

表 2-16　计算机应用技术专业（用户界面设计方向）课程调整前后能力指标频次

能力指标	A1	A2	B1	B2	C1	C2	D1	D2	E1	E2	F1	F2
校权重	2.22	1.11	3.34	3.33	17.50	5.83	28.89	14.44	3.34	3.33	5.56	11.11
调整前	7.79	0.99	0.00	0.66	22.91	1.73	30.75	13.61	0.00	6.38	1.26	13.92
误差	5.57	-0.12	-3.34	-2.67	5.41	-4.10	1.86	-0.83	-3.34	3.05	-4.30	2.81
调整后	2.02	1.60	2.77	3.19	18.51	4.15	29.41	14.44	2.82	4.81	5.45	10.82
误差	-0.20	0.49	-0.57	-0.14	1.01	-1.68	0.52	0.00	-0.52	1.48	-0.11	-0.29

本专业每位专业教师在教学实施过程中，首先明确课程教学目标在专业核心能力指标中所占的权重，分析课程内容的设置与教育目标的对应关系。然后在撰写课程大纲与单元教学设计时，按照课程教学目标设计课程内容、教学方式方法及评量方式，引导学生实现巅峰学习成果。最终实现专业教育目标与课程设计内容的一致性，实现课程与教育目标、核心能力的紧密联系。专业所开设的每门课程至少对应一项核心能力，每项核心能力至少有九门课程进行支撑，见表 2-17。

表 2-17　计算机应用技术专业 2018 级实际开课清单与毕业生核心能力关联表

年级	上下学期	课程名称	学分数	必/选修	尚德弘毅/%	健康关怀/%	专业知识/%	熟用技能/%	沟通协作/%	问题解决/%
一	上	入学、始业教育	1	必修	■	■			■	
一	上	军事课（含军事理念和军事技能训练）	1	必修	■	■			■	
一	上	思想道德修养与法律基础	3	必修	■	■			■	■

续表 2-17

年级	上下学期	课程名称	学分数	必/选修	尚德弘毅/%	健康关怀/%	专业知识/%	熟用技能/%	沟通协作/%	问题解决/%
一	上	基础英语 1	4	必修			■	■	■	
一	上	高等数学	4	必修			■	■		■
一	上	基础体能	1	必修	■	■			■	
一	上	大学生心理健康教育	1	必修	■	■			■	■
一	上	C 语言程序设计	4	必修		■	■	■	■	
一	上	办公软件高级应用	3	必修		■	■	■		■
一	上	Photoshop 图像处理	4	必修		■	■	■		■
一	下	毛泽东思想与中国特色社会主义理论体系概论	4	必修	■		■	■		■
一	下	行业英语	4	必修			■	■	■	
一	下	体育选项 1	1	必修	■	■			■	
一	下	职业生涯规划	1	必修	■	■			■	
一	下	数据库技术（MySQL）	4	必修	■		■	■		■
一	下	Intranet 组建与管理	4	必修	■		■	■		■
一	下	Web 前端基础	4	选修		■	■	■		■
一	下	微信小程序开发	4	选修			■	■	■	
一	下	网页设计实训（Photoshop+Dreamweaver）	1	必修			■	■		■
二	上	体育选项 2	1	必修	■	■			■	
二	上	口语交际	2	必修	■	■			■	
二	上	平面构成与色彩	2	必修			■	■	■	■
二	上	Illustrator 图形制作	6	选修		■	■	■		■
二	上	移动 WEB 开发（HTML5+CSS3）	4	选修			■	■	■	■
二	上	移动 WEB 开发（HTML5+CSS3）	6	选修			■	■	■	■
二	上	Java 程序设计	4	选修			■	■	■	■
二	上	电子商务概论	3	选修			■	■	■	
二	上	商品拍摄与处理	4	选修			■	■		■
二	上	Linux 操作系统	3	选修			■	■		■
二	上	前端框架技术	4	选修	■	■	■	■		
二	上	移动 Web 开发实训（HTML5+CSS3）	1	必修		■		■	■	■
二	下	形式与政策教育	1	选修	■		■	■		■
二	下	实用体育	1	必修	■	■			■	
二	下	创新创业	0.5	必修	■			■	■	■
二	下	网页脚本技术（JavaScript+jQuery）	5	选修		■	■	■		

续表 2-17

年级	上下学期	课程名称	学分数	必/选修	尚德弘毅/%	健康关怀/%	专业知识/%	熟用技能/%	沟通协作/%	问题解决/%
二	下	电商视觉设计	4	选修	■		■	■		
二	下	Web 后端技术（PHP）	4	选修			■	■	■	■
二	下	界面原型设计	4	选修			■	■	■	■
二	下	AutoCAD 识图与制图	4	选修	■		■	■		■
二	下	云计算基础与应用	4	选修			■	■		■
二	下	Python 语言基础	4	选修	■		■	■		
二	下	专业社会实践	1	必修	■	■	■	■	■	■
二	下	电商视觉设计实训	1	选修			■	■		■
二	下	动态网站开发实训	1	选修		■	■	■		■
三	上	3ds Max 效果图制作	4. 5	选修			■	■		■
三	上	Android 应用开发	4. 5	选修			■	■	■	■
三	上	Premiere 视频编辑	4. 5	选修			■	■		■
三	上	手机游戏开发	4. 5	选修		■	■	■		■
三	上	效果图制作实训	1	必修		■	■	■		■
三	上	Android 应用开发实训	1	必修		■	■	■		■
三	下	创业就业实践	0. 5	必修	■		■	■	■	■
三	下	毕业综合实践	8	必修	■	■	■	■	■	■
三	下	顶岗实习	8	必修	■	■	■	■	■	■
三	下	毕业前综合能力测试	0. 5	必修	■	■	■	■	■	■

2. 2. 3. 4 专业课程体系

以计算机应用技术专业为例，经过专业团队充分的调研论证，校企联合制定了 2019 级计算机应用技术专业人才培养方案，形成了成果导向的课程体系。2019 级计算机应用技术人才培养方案论证表明，企业专家对主要专业核心课程的评价非常高，认为符合企业岗位素养要求；高职同行专家认为课程体系更加明确，更加有利于技术技能人才的培养；学生对课程体系的设置的认可度也达到 90% 以上。通过基于成果导向的职业岗位能力课程体系的实施，给学生提供与以往完全不同的学习体验，有效提高学生学习积极性，提升学生职业发展的潜力。

为了让学生清楚的了解专业课程设置情况及专业学习路径，按照学校的统一要求，专业绘制了方便学生识读的课程地图，也叫学习地图。所谓学习地图是指学习者以能力发展路径和职业规划为主轴而设计的一系列学习课程。以学生在校学习时间为横轴，以学校课程结构为纵轴，全面体现计算机应用技术专业的教育目标、对应就业岗位、职业资格、课程组成、学分设置、毕业要求及学习路径，见图 2-8。

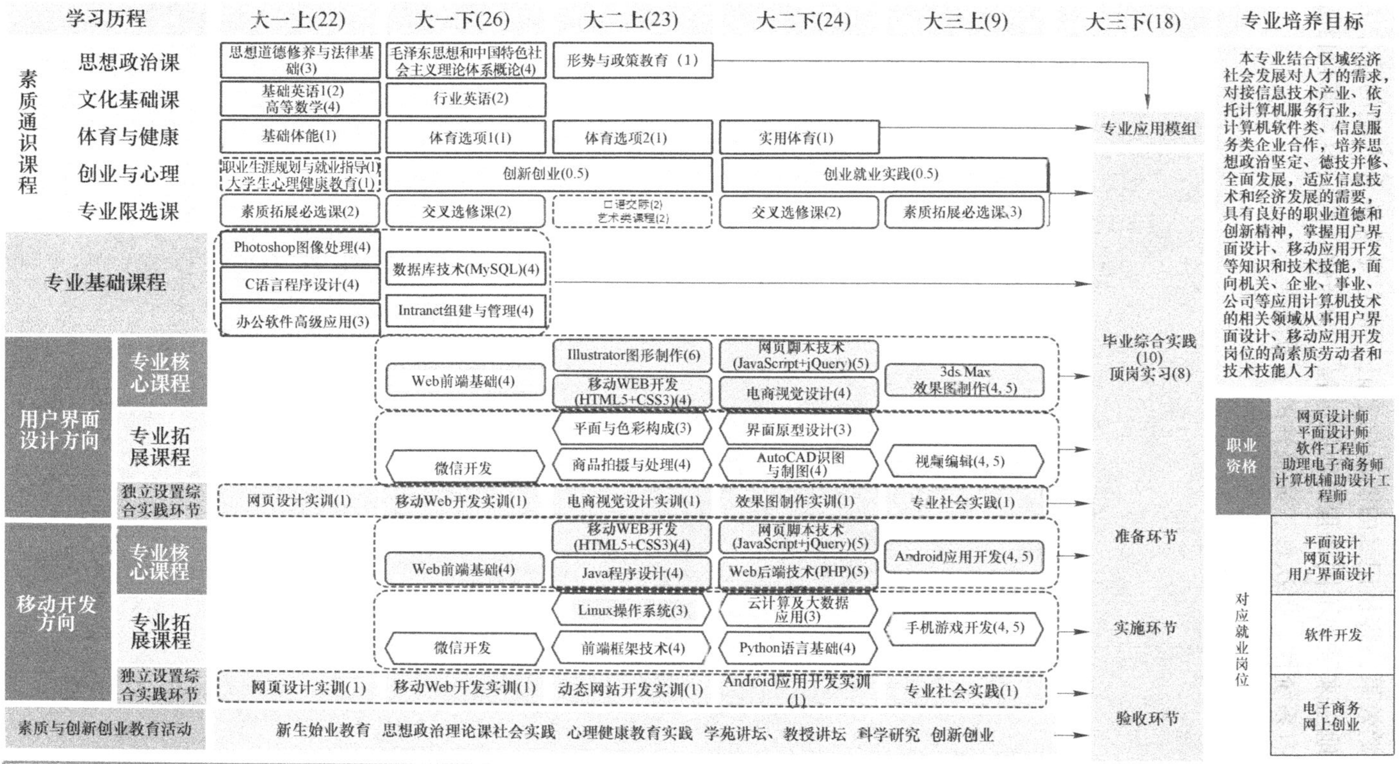

注：1.实习学分制和弹性学制，毕业最低学分为146学分，学制3-6年；
2.毕业最低学分含通识课程52学分、专业课程70学分、独立设置的综合实践课程24学分；
3.本专业学生必须修满4学分的人文艺术或社会经济类通识课；
4.学生在校期间，必须参加一定量的第二课堂活动，完成5学分素质拓展课程；
5.学生在完成必选类通识课的同时，还应当再修读12学分的选修类通识课程，其中10学分从素质与创新创业教育活动中获得；
6.专业社会实践安排在大二的暑假，总计不少于2周，1学分，毕业综合实践安排在第六学期，不少于8周，8学分；顶岗实习安排在第六学期，不少于8周，8学分。
7.职业资格（技能）证书1学分。

图2-8 计算机应用技术专业2019级课程地图

学习地图利用整体方式，让课程信息透过不同方向同时呈现出来的一种方法。是一种充满视觉效果，容易记忆的图像化笔记，而它完全符合人脑的运作方式，因此利用学习地图来呈现不同课程内容的过程，能强化课程内容与课程目标融贯连结，建构具有系统性、层次性、完整性的学习流程。

3　基于成果导向教育的课程开发

课程是人才培养计划实施的最基本的实施阵地，如何保证课程设计与课堂实施的质量，就显得尤为重要。成果导向教育由 Spady（1981）提出至今，已在加拿大、美国广泛的应用于教育改革，同时也作为美国工程教育认证及我国中华工程教育学会的认证规范。成果导向教育强调学生所有学习及练习的高峰表现为最终成果，而非学习的平均值，学生最终获得的能力是该教育模式的最终目标。因此，成果导向的教育理念在高等职业教育的人才培养方面具有十分重要的意义，进行基于成果导向的课程设计与开发，也具有重要的现实意义。有文献指出课程开发，既包括具体科目的开发开发课程内容及其排列顺序，还要开发包括课程资源在内的整个系统，也包括课程体系的开发。基于成果导向教育的课程体系开发在第 2 章中已经进行了详细的论述，本章提到的课程开发，均指具体科目的开发。

3.1　成果导向教育课程开发内容与原则

3.1.1　成果导向教育课程开发内容

课程开发是指通过需求分析确定课程目标，再根据这一目标选择相应的教学内容和相关教学活动进行计划、组织、实施、评价、修订，以最终达到课程目标的整个工作过程。通常认为课程开发包括课程目标、课程内容、课程实施和课程评价四个环节内容，要能清晰完整的阐述课程的基本单元是什么，基本单元的成分是什么，这些单元是通过怎样的方法技术构建起来并组织成课程的。

成果导向教育理念以学生最终培养目标，即学生的高峰表现的学习成果为逻辑起点，反向进行课程设计，开展教学活动，进行课程的开发，解决“定义学习成果”“实现学习成果”“评价学习成果”这三个关键点。定义学习成果就是确定培养目标，而这既是成果导向教育教学模式的起点，也是成果导向教育教学模式的终点。所以，做好培养目标尤为重要，要根据专业培养目标，基于成果导向教育的课程体系构建的课程核心能力权重分析，确定课程培养目标。要想切实实现学习成果，学习成果恰恰代表的就是一种专业核心能力结构，而这种能力结构必须要通过课程教学才能够得以实现，因此，如何通过课程教学，采用何种教学策略，获得学习成果，尤为重要。学习成果才是成果导向教育教学评价的聚焦点，在学习成果的评价上可运用多元等评价标准，用于强调学生的个人进步，采取有针对性地评价工作。由此，可见课程开发不仅要完成教与学的行为赖以发生的行动框架，还要完成教与学行动本身的教学过程的开发。要能够对课程开发进行完整的表述，一般会采用教学大纲或者课程标准呈现课程的设计，单元设计或者教案来呈现教学过程。

课程的设计，我们到底是选用教学大纲还是课程标准进行呈现呢？关于两者的内涵和区别相关的研究和释义非常多。在此，谈一下浅显的认识。从字面的释义来看，“教学”就是教师把知识、技能传授给学生的过程。“大纲”就是（著作、讲稿、计划等）系统排列的内容要点。“课程”就是学校教学的科目和进程。“标准”，有两层意思：一是衡量事物的准则。二是本身合乎准则，可供同类事物比较、核对的事物（《现代汉语词典》）。

教学大纲是苏联教育学使用得比较多的概念，主要着眼于课程内容和教学规划，以纲要的形式规定课程在专业课程体系中的地位和作用，课程的教学目的、任务、知识、技能、素质的范围和深度、教学内容体系结构以及对教学进度和教学方法的基本要求。其目标的行为主体为教师，课堂是教学大纲的基本载体，直接关注教学过程，用来指导教学实际工作，使得教师课堂教学时有“法”可依、有“规”可循。教学大纲对教师教学的基本规范，决定着教师“教什么”和“怎么教”。教学大纲中的教学内容是相对稳定、不能轻易改变的，而课堂中的教学内容和教学策略是针对特定教学情境的，是具体的、动态变化的，这就使教学大纲中的教学内容与课堂中的教学内容产生了一定的差距，教学大纲中的教学策略和课堂中的教学策略产生一定的差距。基于成果导向教育的课堂教学要赋予教师教学以足够的自由度，我们可以规定教师“教什么”，而不应该规定“怎么教”。因此，成果导向教育课程开发中教学大纲的教学内容部分不应该将视点关注于教学过程、具体的教学内容，而应转向对教学内容的抽象层面，抽象为课程内容。

教学大纲虽然规定了课程在专业课程体系中的地位和作用，但是忽视了对课程的性质、课程设置的目的、课程开发的基本理念的探究。而这些问题恰恰是基于成果导向教育课程开发中要解决的问题，是体现课程设计的基本要素。

课程标准是英美教育学使用得比较多的概念。课程标准是关于课程的基本规范和质量要求，是课程计划中每门学科以纲要形式编写的、有关学科教学内容的指导性文件。不是对教学内容的具体规定，不是关于教师教学的基本规范，而是关于课程的基本规范。标准主要是构建本门课程学习的目标体系和评价原则，对完成课程目标所必需的内容和方法只是提出了一个大体范围。所谓内容标准，概括地讲是指学生应该知道和能够做什么的规定，其不涉及教学内容的顺序和教学法。与大纲不同的是，“标准并不划分课程的教学内容，以及前后相关课程的关联，也不描述内容应如何组织，不具体规定教授这些内容的教学策略”，不规定实现这些目标的具体课程和教学方法，也不涉及情感、态度和心理行为，其就是一个“标准”。课程标准并不直接指向具体的课堂教学，只是对学生学习行为结果进行清晰的、具体的、可测量和可评估的描述。但其意义又必须通过课堂教学表现出来，课程是课程标准和课堂教学之间的中介，课程标准通过课程作用于课堂，课程成为教师的“教”和学生的“学”的基本载体。纯粹的知识、技能与素质的要求不能构成课程，学生必须以某种形式与知识、技能、素质发生相互作用，课程才会真正存在。这一发生相互作用的形式，就是学生的“学程”。因此课程开发中的课程设计文件，不仅要对学生经过一个阶段的课程学习后应达到的能力水平、对学生课程学习效果的评估进行描述，还应该从学习论层面确定学生要达到该种水平，课程学习的学习策略与学习内容的纲要。因此，对学习过程的指导和规范是必要的，但这种指导和规范应该是原则性、方向性的，因为学习过程是复杂多样的，会因人、因事、因情而变，纲要性的文件中不应该存在固定的学习流程和统一范式，如果对教学过程给予太过详细的指导，会让整个学习过程的质地变得“僵硬”，失去了课堂本身的意义。课程标准关注了两端，却忽略了中间学程。

在基于成果导向教育的课程开发中，要以学习者为中心，行为主体是学生，通过课程载体，将学生的学习成果（专业核心能力的达成）与专业培养目标进行关联，关注的是学生的高峰学习成果，以及如何获得该学习成果的途径和评价。因此，应以学生为中心进行课程的设计，以学生的视角进行阐述，获得什么样的高峰学习成果，怎样获得，为何获得，如何确定已经获得。教学大纲的教学关注点在于教与学的过程，以教师的视角进行阐述教学目标与教学内容的纲要。而不研究课程设置的起源、如何进行评价。课程标准关注了怎样获得和如何确认已经获得，却忽略了怎样获得、为何获得。课程标准中所提到的标准一般是指最低标准，虽然规定课程标准的层次级别，而不规定标准的上限，是一种低阶性要求。成果导向教学理念中的成果是指高峰成果，是一种高阶性要求。

本书将课程标准与教学大纲两个概念结合起来使用。例如，日本筑波大学1986年版的《现代教育学基础》，列有“教育课程与教学大纲”这一专题。选用教学论和课程论中，适合成果导向教育的部分进行课程设计的呈现。采用课程标准里的课程概念，以学生为视角，从抽象课程内容方面，对课程进行描述，完成课程开发。同时，为避免给予教学过程太过详细的指导，并能制定学生高峰学习成果，以大纲的形式进行阐述，如何获得，怎样获得高峰学习成果。基于导向成果教育的课程开发中的课程设计以课程大纲进行阐述，既能以学生为中心，在课程的角度上谈课程开发，又避免了对教师教学的“微观指导”，使教师的教学，学生的学习有章可循。

3.1.2　成果导向教育课程开发原则

成果导向教育课程开发中，课程大纲和单元设计中要能清楚地解决以下四方面的问题。(1) 学生应该获得什么样的学习成果。(2) 为什么要让学生达成这些学习成果。(3) 如何能够帮助学生达到这些学习成果。(4) 如何知道学生已经取得这些学习成果。因此，成果导向教育课程开发应该是一个说到、做到、教到、评到，有机统一的整体，课程大纲内在各部分，单元设计内在各部分，课程大纲和单元设计之间，都是有内在关联性，相互之间进行支撑和关联。各单元设计的各部分要对大纲的培养目标进行支撑，通过完成各单元设计中的教学与培养目标，从而完成课程大纲中所述的培养目标和核心能力。课程大纲中的培养目标和核心能力比重又对单元设计的教学与培养目标制定、教学内容选定、教学方法选择、实施方式等进行约束。确保在最微观层面能对专业的核心能力达成起到有力支撑。不管是在课程大纲还是单元设计中，都应遵循说到、做到、教到、学到、评到的四到原则。

(1) 说到。制定课程目标，用以描述、落实学生在课程完成后，学生应该具备的知识、技能、素养三方面的收获，能够清晰地描述学生应该获得的学习成果。并且该目标的条目应该呼应专业的核心能力指标量表中的指标，体现其在学生专业核心能力达成与培养目标达成的贡献度，明确为什么要学生获得这些成果。完成专业的核心能力指标制定是进行课程设计的基础。专业中各课程能以量化的课程权重进行标识，方便后续对能力指标进行评价。课程目标也作为课程设计的起点，以明确应该掌握的核心能力为目标，反向设计教学过程。

(2) 做到。教学内容的选择，按照反向设计原则，所有的教学内容的选择，都应围绕课程目标中核心能力的达成进行选取。各教学内容所需的教学课时、理论实践比例均应呼应核心能力目标，并能与相应的权重成正比关系。

(3) 教到、学到。教学方式的选择应以“学生怎么学”为出发点进行选择，而不是以“老师怎么教”为出发点。教师通过对学生学习活动的指导来影响学生，让学生通过主动的探究和实践过程来获得综合能力的提升。通过“做到”“学到”“教到”，解决怎样帮助学生获得学习成果。

(4) 评到。学习的评价方式应该聚焦在学生所获得的核心能力的评价上面，通过多种形式的评价确保学生能达到课程的学习目标，解决如何评的问题。评价方式的设计可采用多元的评价方式，更应注重一个阶段或者时期内取得的成果，而非在课程结束时的统一一个评价方式。在课程结束时，需要教师对学生的学习成果进行分析与评估，以期对学生是否达到课程的学习目标以及自身的核心能力有相对准确的判断，在学生评价过程中，能够实现说到、做到、教到、学到、评到。

在成果导向教育课程开发中，要以专业核心能力为主线，贯穿到课程体系、课程大纲、单元设计、教学实施各个环节，以学生为中心，展开教学，真正遵循说到、做到、教到、学到、评到的四到原则。

3.2 基于成果导向的课程大纲设计及分析

课程大纲是编写教科书和教师进行教学的主要依据，也是检查和评定学生学业成绩和衡量教师教学质量的重要标准。基于成果导向理念的课程大纲，不仅要清晰地描述课程的教学目的、任务、教学内容的范围、深度和结构、教学进度以及教学法上的基本要求等，还应该能作为学生进行自主学习的重要依据，能让学生清晰的明确本门课程，要学哪些内容，如何进行学习，怎样检验学习效果。真正的在课程中贯彻“说到”“做到”“教到”“学到”“评到”的成果导向教育课程开发原则，真正的做到以学习者为中心的学习。

3.2.1 课程大纲构成部分

按照成果导向的课程开发理念、原则进行大纲的开发，课程大纲以专业核心能力以及专业核心能力指标贯穿大纲各部分。大纲的划分见图 3-1。通过能力指标使得各部分相互之间是相互关联、相互支撑、有机的统一体，不能割裂的去看待大纲的任何一个部分。

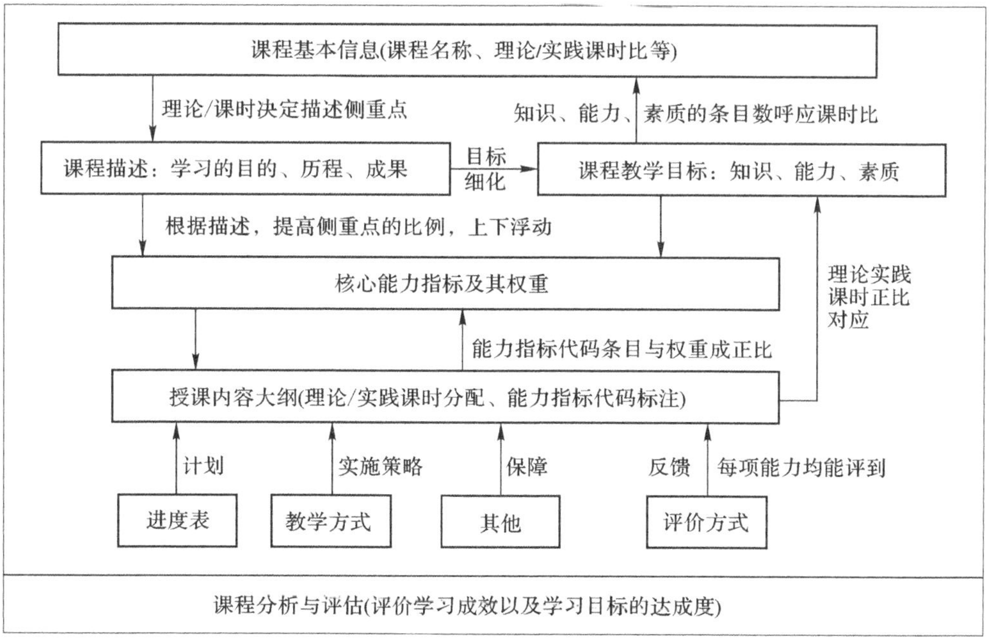

图 3-1 课程大纲各部分内在联系逻辑图

从最初的课程基本信息部分，课程名称、课程类型、授课学期、实践学时等就确定了课程类型是倾向于实践还是理论。在课程描述中，就能体现课程类型的偏向，进而决定了课程教学目标的撰写以及核心能力指标的标注。整个大纲的各部分都是以学生为中心，围绕核心能力的达成进行反向设计。确定授课内容，构建授课内容大纲，授课内容对应的理论/实践课时比应该与课程基本信息一致之外，还应该与对应核心能力的课程权重比成正比关系。教学内容大纲确定之后，要有相应计划、策略、保障措施以及如何确保各项能力均能评到，需要完成进度表、教学方式、其他（建议教材、参考书籍、教学资源、先修课程、注意事项）、评价方式的设计与撰写。课程实施结束以后，还应依据学生的学习成果，对课程进行分析与评估，进而能够评价学习成效以及学习目标的达成度。整个课程大纲的设计就是一个课程内的短期循环，真正做到以学生为中心，用以指导教师教学与学生学习。

3.2.2 课程大纲的撰写分析

按照课程大纲各部分的内在联系逻辑，按照基于成果导向教育的课程开发理念和原则，以表格的形式对大纲进行表述，见表 3-1，完成基于成果导向教育课程大纲的框架结构。

表 3-1 基于成果导向教育的课程大纲框架结构

<table>
<tr><td colspan="14">衢州职业技术学院信息工程学院课程大纲
____学年度第____学期__________专业（______班）</td></tr>
<tr><td>课程名称</td><td colspan="8"></td><td colspan="3">课程代号</td><td colspan="2"></td></tr>
<tr><td>课程类型</td><td colspan="8">□通识 □专业基础 □专业核心 □专业拓展 □综合实践</td><td colspan="3">授课教师</td><td colspan="2"></td></tr>
<tr><td>修读方式</td><td colspan="8">□必修 □必选（方向课） □选修（公共课）</td><td colspan="3">学分</td><td colspan="2"></td></tr>
<tr><td>开课学期</td><td colspan="3"></td><td colspan="3">总学时（授课）</td><td colspan="2"></td><td colspan="3">实践学时</td><td colspan="2"></td></tr>
<tr><td>办公地点</td><td colspan="3"></td><td colspan="3">课外答疑时间</td><td colspan="2"></td><td colspan="3">联系方式</td><td colspan="2"></td></tr>
<tr><td>A
课程描述</td><td colspan="13"></td></tr>
<tr><td>B
课程教学目标（标注能力指标）</td><td colspan="13"></td></tr>
<tr><td>C
核心能力</td><td colspan="2">A 尚德
弘毅</td><td colspan="2">B 健康
关怀</td><td colspan="2">C 专业
知识</td><td colspan="2">D 熟用
技能</td><td colspan="2">E 沟通
协作</td><td colspan="2">F 问题
解决</td><td>备注</td></tr>
<tr><td rowspan="2">D
课程权重</td><td>A1</td><td>A2</td><td>B1</td><td>B2</td><td>C1</td><td>C2</td><td>D1</td><td>D2</td><td>E1</td><td>E2</td><td>F1</td><td>F2</td><td rowspan="2">合计
100%</td></tr>
<tr><td></td><td></td><td></td><td></td><td></td><td></td><td></td><td></td><td></td><td></td><td></td><td></td></tr>
</table>

续表 3-1

<table>
<tr><td rowspan="2">E
学分数分配权重</td><td>数学及基础科学等相关课程</td><td>专业课程-理论</td><td>专业课程-专业/实务</td><td>专业课程-实践/实作</td><td>通识或共同科目</td><td>其他</td><td>总学分数</td></tr>
<tr><td></td><td></td><td></td><td></td><td></td><td></td><td></td></tr>
<tr><td rowspan="3">F
课程内容大纲</td><td colspan="4" rowspan="2">课程内容（能力指标代码）</td><td colspan="3">学时分配</td></tr>
<tr><td>理论（实务）</td><td>实践</td><td>合计</td></tr>
<tr><td colspan="4"></td><td></td><td></td><td></td></tr>
<tr><td>G
教学方式</td><td colspan="7">□讲授 □讨论或座谈 □问题导向学习 □分组合作学习 □专题学习 □实作学习
□发表学习 □实习 □参观访问 □其他（ ）</td></tr>
<tr><td rowspan="2">H
学习评价</td><td>成绩项目</td><td>配分</td><td>评价方式</td><td>能力指标</td><td colspan="3">说明</td></tr>
<tr><td></td><td></td><td></td><td></td><td colspan="3"></td></tr>
<tr><td rowspan="2">I
进度表</td><td>周别</td><td colspan="4">单元名称与内容</td><td colspan="2">能力指标代码</td></tr>
<tr><td></td><td colspan="4"></td><td colspan="2"></td></tr>
<tr><td>J
建议教材</td><td colspan="7"></td></tr>
<tr><td>K
参考书籍</td><td colspan="7"></td></tr>
<tr><td>L
先修课程</td><td colspan="7"></td></tr>
<tr><td>M
教学资源</td><td colspan="7"></td></tr>
<tr><td>N
注意事项</td><td colspan="7"></td></tr>
<tr><td rowspan="4">O
课程分析与评估</td><td>平均成绩</td><td></td><td>及格率</td><td colspan="2"></td><td>修课人数</td><td></td></tr>
<tr><td>1. 学习成效分析</td><td></td><td></td><td colspan="2"></td><td></td><td></td></tr>
<tr><td>2. 核心能力检讨</td><td></td><td></td><td colspan="2"></td><td></td><td></td></tr>
<tr><td>3. 其他</td><td></td><td></td><td colspan="2"></td><td></td><td></td></tr>
</table>

注：1. 课程大纲 A—F 项由所在部门和相关课程委员会编写并审核通过，教师不能自行更改。

2. 本课程大纲 G—O 项同一课程不同授课教师应协同讨论研究达成共同核心内涵，教师不宜自行更改。

3. TAC 工程认证专业课程之学分数分配权重分三大类数学及基础科学等相关课程、专业课程-专业/实务（含理论）、专业课程-实践/实作。

4. 评价方式，可参酌下例方式：

（1）纸笔测验：小考、期中纸笔测验、期末纸笔测验；

（2）表现性评价：作业、实作成品、日常表现、表演、观察、轶事记录；

（3）档案袋评价：书面报告、专题档案；

（4）口语评价：口头报告、口试。

以计算类专业的一门基石课程数据库技术实例，详细阐述成果导向教育课程大纲各部分设计与撰写的要点及注意事项。

3.2.2.1　课程基本信息

课程的基本信息包括大纲抬头信息和课程信息两部分，抬头部分明确开课学期、专业、班级，明确授课对象。大纲的制定一定是依据各专业、各年级的学生学情的不同而制定，同一门课程修读的学生不同，相应的课程大纲的各部分的要求也应不同。因此，对于抬头部分一定要明确。见表3-2。

表3-2　课程基本信息

<table>
<tr><td colspan="9">衢州职业技术学院信息工程学院课程大纲
2018-2019 学年度第 2 学期 计算机应用技术 专业（ 2 班）</td></tr>
<tr><td>课程名称</td><td colspan="6">数据库技术</td><td>课程代号</td><td>×××××</td></tr>
<tr><td>课程类型</td><td colspan="6">□通识 ☑专业基础 □专业核心 □专业拓展 □综合实践</td><td>授课教师</td><td>××××</td></tr>
<tr><td>修读方式</td><td colspan="6">☑必修 □必选（方向课） □选修（公共课）</td><td>学分</td><td>4</td></tr>
<tr><td>开课学期</td><td>2</td><td colspan="3">总学时（授课）</td><td colspan="2">64</td><td>实践学时</td><td>32</td></tr>
<tr><td>办公地点</td><td colspan="2">720</td><td>课外答疑时间</td><td colspan="2">××××</td><td>联系方式</td><td colspan="2">136××××××××</td></tr>
</table>

课程信息部分应该包括课程的名称、代码、课程类型、修读方式等。其中课程类型可依据本校的课程设置方式自行修改。总学时和实践学时的比例，一定程度上凸显了课程的特点，该课程如果是以掌握技能为主，则实践学时的比例应该占主要的比重。该部分内容对照人才培养计划，务必要填写正确，学生通过研读大纲可对课程有基本的认识和了解。

3.2.2.2　课程描述

课程的描述部分是课程的整体的概述，要能清晰、准确的概述出课程学习的目的、所经历的学习过程、最终达到的学习的成果或者结果，即课程的性质，在课程体系中的地位、应该完成的任务等。此处，描述的角度，应以学习者为中心，以学习者的视角来看待课程，即学习者学习的目的、学习的历程、学习的成效的描述。见表3-3。

表3-3　课程描述

A 课程描述	本课程旨在引领学生掌握 MySQL 数据库管理、维护和设计的基本方法，通过 MySQL 图形化管理工具和命令两种方式，实现对数据库的操作和数据库的日常管理，提升解决问题的能力，培养在学习过程中的责任意识

以数据库技术（MySQL）课程的课程描述为例，首先，要描述出学习的目

的，可以从知识、技能、素质方面，根据课程的特点进行选取。此处，课程为专业基础课，以知识、技能的掌握为主。可表述为：课程旨在引领学生掌握 MySQL 数据库管理、维护和设计的基本方法和进行数据库操作的技能，该表述部分清晰地描述出学习者学习的目的，就是掌握数据库管理方面的方法和技能，包括知识目标数据库管理、维护和设计的方法，技能目标数据库的操作技能，这两方面的学习目标。

其次，应着重描述学习者的学习历程，可以是具体的学习内容、要掌握的技能、具备的素质方面的内容。也可以是学生进行学习的方式、方法等。可表述为：通过学习 MySQL 图形化管理工具和命令两种操作方式。该表述描述出了学习者的学习历程，为具体的学习的内容，即图形化管理工具和命令的学习。也可采用第二种表述为通过教师演示项目、学生自主操作、教师辅导、成果点评分享等方法。

最后，应着重描述学习者的学习成果，此处的成果可以从知识、能力、技能三个方面进行呈现。注意一些程度词的使用，具体可参照本书 5.3 认知教育目标分类中的相关知识。可表述为：实现对数据库的操作和数据库的日常管理，提升解决问题的能力，培养在学习过程中的责任意识。

3.2.2.3 课程教学目标

课程教学目标应该从学生通过课程学习后，从知识、能力、素质三方面应该并能够达到的目标进行描述。此处的描述，应以学生为中心、学习成果为中心进行描述，呼应课程的描述，每一条均应体现课程描述的重要内涵。目标的设定不宜过高，也不宜过低，要以 70% 以上的学生能够达成目标为宜。课程目标要限制在课程范围之内，不宜为了体现课程的重要性，而过多的拔高课程目标，纳入过多非课程范围之内的内容。反之，也不宜片面追求让学生能够达到目标，而降低目标的难度，缩减课程的范围，降低课程的要求，而不能体现课程的内涵。

在表现形式上，可以将目标设定为 4 ~ 8 项，以不多于 8 项为原则。每条目标的描述应该专注于某一特定类别的能力的达成。知识、能力、素质等目标归类要适合准确，描述的目标程度的动词应该切合知识、能力、素质等发展层次，各动词表现的程度细分，请参考第 5 章中认知教育目标分类中的相关描述。在每一条目标进行标注能力指标，能力指标的制定、表述与编码详见第 2 章的内容。见表 3-4。

表 3-4 课程教学目标

B 课程教学目标（标注能力指标）	1. 知识	
	1.1 了解数据库的基础知识	C1
	1.2 掌握 MySQL 数据库的基本操作方法	C1
	1.3 掌握 MySQL 数据库设计的基本方法	C1

续表 3-4

B 课程教学 目标（标注 能力指标）	2. 能力	
	2.1 具备 MySQL 数据库系统设计的能力	D1
	2.2 熟用工具和命令两种方式实现数据库操作	D1
	2.3 能使用 MySQL 图形化管理工具对数据库进行日常管理	D1
	2.4 具备解决数据库设计及安装过程中出现问题的能力	F2
	3. 素质 3.1 培养良好的学习责任意识	A1

将课程目标设置成知识、能力、素质三类目标，此处可将知识目标的获取主要途径归因于课程的理论课时，能力目标的获取主要途径归因于实践课时，而素质目标的获取途径既可归因于课程的理论课时，也可归因于课程的实践课时。在设计课程教学目标条目时，应该考虑课程基本信息中的理论实践课时比例，应该成正比关系。以数据库技术课程为例，课程的理论课时 32 课时，实践课时 32 课时，比例为 1 ∶ 1。此处设置知识目标 3 条（理论），能力目标 4 条（实践），素质目标 1 条（此处，可视为理论），各类目标设置条目数和课程的基本信息相一致。

知识目标条目的撰写分析，数据库技术这门课程从知识层面上讲就是对数据库的基本知识有所了解，针对数据库，掌握其基本的设计方法和操作方法。故可细分成三条知识目标，每条体现一个学生的主要学习目标，学生通过本课程的学习，在知识层面应该有哪些成果。可细分为 1.1 了解数据库的基础知识。（C1）1.2 掌握数据库的基本操作方法。（C1）1.3 掌握数据库设计的基本方法。（C1）在每条目标之后，标注对应的一个能力指标，因课程性质为专业基础课程，开设在大一的第二个学期，故以单项的知识获取为主，较少跨领域的知识，此三条知识目标，可标注为 C1 的能力指标。

能力目标条目的撰写分析，数据库技术这门课程从能力层面上讲就是能设计简单的数据库，能利用掌握的数据库的基本操作方法和工具对数据库进行管理、操作，并能解决在应用过程中出现的一些问题。按照一个条目对应一个主要内涵的原则，将能力目标细分成四条能力目标，每条体现一个学生学习结束后应该获取的主要能力。学生通过本课程的学习，在能力层面应该有哪些成果。可细分为 2.1 具备数据库系统设计的能力（D1）。2.2 熟用工具和命令两种方式实现数据库操作（D1）。2.3 能使用 MySQL 图形化管理工具对数据库进行日常管理（D1）。2.4 具备解决数据库设计及安装过程中出现问题的能力（F2）。

2.1 ~2.3 的能力指标标注上面，均是以单项的技能操作能力为主，对应的为 D1 条目。2.4 的能力标注，主要是解决问题的能力，对应的是 F2。在能力指标制定过程中，解决问题（F2）和创新、创意（F1）两个指标对应的条目，即可视为能力指标，也可视为素质指标，可根据课程的侧重点不同，进行适当的分配，灵活掌握。

3.2.2.4 核心能力指标

核心能力指标详见 2.3.1 节，是学生经过三年的学习应具备的核心能力指标，各核心能力指标的达成，是通过人才培养方案中各类课程的培养所达成的，各课程是学生各核心能力达成的主要载体。因此，大纲制定中，课程中也应体现相应的核心能力指标。根据本专业制定的核心能力指标填入表，见表 3-5。

表 3-5 核心能力指标

C 核心能力	A 尚德弘毅	B 健康关怀	C 专业知识	D 熟用技能	E 沟通协作	F 问题解决	备注

3.2.2.5 核心能力指标权重

核心能力指标权重的填写，要与课程教学目标相一致，一般按照条目的数量，算出一条的平均值权重，根据课程性质和特点，每个值可上下浮动 5% 左右，可由本门课程的所有任课教师协商确定。

以数据库技术课程的课程为例，该课程标注的能力指标有 A1、C1、D1、F2，分别为 1、3、3、1，共计 8 条，则一条能力指标的比重约为 12.5%，则取 A1 对应 10%，C1 对应 40%，D1 对应 40%，F2 对应 10%。将对应比例填入下表，如表 3-6 所示。通过填写课程的核心能力指标权重，可相对量化课程对专业核心能力培养的贡献度，既能让学生对自己所学，又能对教师对自己所教，有清晰的认识同时，方便、合理的对课程体系进行调整。见表 3-6。

表 3-6 核心能力指标权重

D 课程权重	A1	A2	B1	B2	C1	C2	D1	D2	E1	E2	F1	F2	合计
比例	10%				40%		40%					10%	100%

3.2.2.6 学分数分配权重

学分数分配权重也应与课程基本信息相一致，其中针对专业课程而言，专业/实务一般是指课程中的理论课时对应的学分数，而实践/实作是指课程中的实践学时对应的学分数。

以数据库技术课程的课程为例，该课程的理论课时为 32 课时，对应 2 学分，实践课时为32课时，对应2学分，填入表3-7。

表3-7　学分数分配权重

E 学分数 分配权重	数学及基础科学等相关课程	专业课程-理论	专业课程-专业/实务	专业课程-实践/实作	通识或共同科目	其他	总学分数
		/	2	2			4

3.2.2.7　授课内容大纲

授课内容大纲包括授课内容以及对应的能力指标代码和相应的学时分配。其中，授课内容应该从知识、技能掌握以及素质培养方面，对应课程教学目标，能够充分、完整的支撑教学目标的实现。每一条的授课内容的书写，建议采用动宾结构，动词应能体现掌握的程度和认知的目标分类。宾语能充分、完整的、精炼的体现知识、技能、素质的相关内容。课程教学目标、核心能力指标、授课内容应该是有机统一、相互渗透、融合的整体。故在授课内容后面，应该标注对应该授课内容的主要的能力指标代码，为了更加清晰明了，标注项目不宜超过三项，且标注条数应该与核心能力指标权重成正比关系。

学时分配按照授课内容的难易、程度，结合授课老师的实际授课经验，合理分配学时。普遍的认知里面，我们认为知识目标的实现一般对应的是理论课时的贡献，技能目标的实现一般对应的是实践课时的贡献，而素质的培养目标实现，既可视为理论课时，也可视为实践课时的贡献。故学时分配中，对应每一条的授课内容，理论、实践课时比例要和能力指标代码条数成正比关系，总计的理论、实践课时比，也应该与课程目标中知识、技能、素质对应的条目数成正比关系。

以数据库技术课程的课程为例，该课程的授课内容从知识、技能掌握以及素质培养方面，共分为9个教学单元，分别填入相应的表格。以第一条为例，认识数据库，此内容包括对数据库的基本认知以及认知数据库数据基本操作的掌握，既包含知识，又包含能力部分，故标注能力指标C1、D1。分配4个课时，知识、能力的指标条数比是1∶1，故理论填写2课时、实践填写2课时。将9部分授课内容全部填写完毕后，理论实践课时比为1∶1。对照课程教学目标重的能力指标条数，C1、A1共4条，D1、F2共4条，比例也是1∶1，相互呼应。见表3-8。

表3-8　授课内容大纲

F 教材（授课）内容大纲	章节教材（授课）内容（能力指标代码）	学时分配		
		理论（实务）	实践	合计
	1. 认知数据库 C1、D1	2	2	4
	2. 掌握数据库设计 C1、F2、A1	6	6	12

续表 3-8

	章节教材（授课）内容（能力指标代码）	学时分配		
		理论（实务）	实践	合计
F 教材（授课）内容大纲	3. 掌握数据定义 C1、D1	4	4	8
	4. 熟用数据更新 D1、C1、A1	2	2	4
	5. 熟用数据查询 D1、C1	6	6	12
	6. 熟用数据视图 D1、C1	2	2	4
	7. 能应用索引 D1、C1	2	2	4
	8. 能应用数据库编程 C1、D1、F2	4	4	8
	9. 掌握数据库管理 D1、C1	4	4	8
总　计		32	32	64

3.2.2.8 教学方式

依据课程的特点，以及学生学情的分析，教学设施设备情况，选择适合的教学方式，可以多种教学方式相结合，不应拘泥于一种教学方式，如所列教学方式不能包括，可在其他中填写。

以数据库技术课程的课程为例，该课程开设在第二学期，作为专业基础课程，以教学做一体为主，故教学方式选择讲授、实作学习，课程中安排了分组的讨论和协作学习，故选择讨论和分组合作学习选项。见表 3-9。

表 3-9 教学方式

G 教学方式	☑讲授 ☑讨论或座谈 □问题导向学习 ☑分组合作学习 □专题学习 ☑实作学习 □发表学习 □实习 □参观访问 □其他（　　）

3.2.2.9 学习评价方式

课程大纲的设计中，不仅要让学生清楚要学到哪些内容，学到什么程度，最重要的是怎么进行有效、合理的评价，让教学、学到、评到成为一个整体。学习评价方式的设计，是非常重要的一个环节。学习评价方式的设计，不仅要能够有效的评价，而且还要方便教师进行操作和执行。考虑课程特征，以学生为中心对学生进行考核，应该加强过程性考核的比例，可分阶段进行考核，如作业项目、阶段考、期中考、期末考等环节，每个环节应该有相应的配分，以及对应的评价方式，呼应的能力指标，以及相应的说明。说明中应该详细说明评价方式的执行细则，相应评分标准，用最简明扼要的描述，让学生明白，是如何对自己进行考核的。

以数据库技术课程的课程为例，该课程为专业基础课程，课程教学做一体设计的能力指标有知识、技能和素质目标的达成。设计的成绩项目包括作业、阶段考 1、阶段考 2、期中测验、期末测验，分别从知识、技能和素质方面进行评价。为了养成良好的行为习惯，特意在最后加入一个针对能力指标 A1 的补充说明，即针对旷课和迟到，做出特别的说明。见表 3-10。

表 3-10　教学方式

<table>
<tr><td rowspan="7">H
学习评价</td><td>成绩项目</td><td>配分</td><td>评价方式</td><td>能力指标</td><td>说　明</td></tr>
<tr><td>作业</td><td>40</td><td>实作评价（观察）</td><td>D1、A1</td><td>取所有作业的平均分，每次作业的评价标准，见表 3-11、表 3-12</td></tr>
<tr><td>阶段考 1</td><td>10</td><td>纸笔测验</td><td>C1、D1</td><td>学习通生成试卷，自动评分</td></tr>
<tr><td>阶段考 2</td><td>10</td><td>纸笔测验</td><td>C1、F2</td><td>学习通生成试卷，自动评分</td></tr>
<tr><td>期中测验</td><td>20</td><td>实作评价</td><td>D1、C1</td><td>实作评价（技能测试），参见期中试卷及评分标准</td></tr>
<tr><td>期末测验</td><td>20</td><td>实作评价</td><td>D1、C1、F2</td><td>实作评价（技能测试），参见期末试卷及评分标准</td></tr>
<tr><td colspan="3">实作评价（观察）</td><td>A1</td><td>旷课一次，总评基础上扣 5 分，迟到、早退一次，总评基础上扣 2 分</td></tr>
</table>

在成绩配分中，注重课程的形成性评分，将每次的实作作业，都纳入考核中来，故作业项目配分配至 40 分，在说明中要有详细的作业评分标准。此处，考虑到教师在执行过程中的自主性（作业布置，应以学生的掌握情况，适时地进行调整）、便捷性，取每次作业的平均值。本课程的作业均为同类课程，以实际的数据库操作为主，故设计成实作评价的评价方式，对应考核操作数据库的能力。每次作业的设计，依据课程的特点，可设计一套相对通用的整体型的评价标准，包括相应的评价项以及评价标准。

评价项依据课程的特点，设计完整度、完成速度和准确度三类评价项目，针对同类的操作为主型课程、编程类课程均可适用。引入多主体的评价，评价主体包括学生和老师，让学生在评价过程中有参与感，在评价的过程中，既是一个自我审视的过程，又是一个对知识、技能掌握的过程。见表 3-11、表 3-12。

表 3-11 作业表现评价表

学生姓名：_______ 学 号：_______ 班 级：_______

评价日期： 年 月 日

各位同学：请针对下列评价项目并参酌「评价规准」，于自评、评议员字段打「A、B、C、D、E」其中一项后，再请老师复评。

评价项目	自评、老师复评（A 至 E）	
	自评（50%）	老师（50%）
1. 完整度（40%）		
2. 速度 （10%）		
2. 准确度（50%）		
合 计		

表 3-12 作业表现评价标准

符号	A	B	C	D	E
1. 完整度（40%）	作业中所有的题目均能完成	完成作业中的大部分题目	完成作业中的一部分题目	完成作业中的少部分题目	根本没有完成作业
2. 速度（10%）	班级前 10% 完成作业	班级前 60% 完成作业	班级前 80% 完成作业	班级前 90% 完成作业	班级前 100% 完成作业
3. 准确度（50%）	全部题目正确，存在细小的瑕疵	大部分题目正确，存在瑕疵	部分题目正确，存在一定的错误	少部分题目正确，存在较多的错误	极少数题目正确

阶段考共设计两次，每次配分 10 分，以知识掌握考核为主，借助学习通等信息化教学手段，既能减轻教师的工作量，又能让学生考核结束后，马上就能明确自己的薄弱环节，又利于教师进行统计分析，及时地进行课程内质量控制的小循环与持续改进。学习通中的试题的编写，以纸笔测验为主，具体编写参见第 5 章中纸笔测验的编写原则，以知识的掌握为主，故能力指标标注以 C1 为主，又涉及一些操作技能和解决问题的能力，以 D1 和 F2 为辅。

期中期末考试以实作评价为主，每次配分 20 分，试卷的编写参见第 5 章，以能力和素质的能力指标考核为主，故能力指标标注以 D1 为主，又涉及一些知识的掌握和解决问题的能力，以 C1 和 F2 为辅。在能力标注过程中，既没有完全脱离知识的能力，又没有不以能力培养为目标的知识获取，故应该在能力指标标注过程中，既有相对的统一，又有重点的偏重，如多条能力指标并列，可以先后顺序代表侧重程度。

在素质养成评价过程中，以附加说明的形式，针对课程培养良好的学习责任意识，可以从最基本的作业完成，以及课堂秩序和纪律的养成做起，设计针对A1的评价项目，旷课一次，总评基础上扣5分，迟到、早退一次，总评基础上扣2分。

3.2.2.10　进度表

进度表是针对授课内容，按照实际的教学周，针对各教学单元做出的授课时间安排。此处进度表设计包括周别、单元名称与内容，以及相应的能力指标代码。周别按照人才培养方案中设置的教学周进行填写。如为实训课程，可按照课次填写。一个单元名称对应授课内容大纲的一条内容，并在其下方填写本单元相对详细的授课内容。最后标注能力指标代码。此进度表，可在每个学期初，由课程组的全体人员协商、修订完成。具体执行过程中，可根据实际授课情况，以及学生的学情不同，进行适当调整授课的进度。

以数据库技术课程的课程大纲为例，该课程开设在第2学期，共有16周的教学周，故周别填写1～16，按照授课内容大纲规定的课时填写相应的授课单元，标注能力指标代码。见表3-13。

表3-13　进度表

	周别	单元名称与内容	能力指标代码
I 进度表	1	单元1　认知数据库基础知识 任务1　数据库概述 任务2　数据库技术的安装与配置	C1、D1、F2
	2	单元2　掌握数据库设计（一） 任务1　关系数据库设计	C1、A1
	3	单元2　掌握数据库设计（二） 任务2　数据库设计规范化	C1、A1
	4	单元2　掌握数据库设计（三） 任务3　数据库的设计案例	C1、F2
	5	单元3　掌握数据定义（一） 任务1　创建与管理数据库 任务2　创建与管理数据库表 任务3　数据完整性约束	C1、D1
	6	单元3　掌握数据定义（二） 任务4　图形管理工具管理数据库和表 任务5　实例-数据定义	D1、C1

续表 3-13

	周别	单元名称与内容	能力指标代码
I 进度表	7	单元 4 熟用数据更新 任务 1 数据插入 任务 2 数据修改 任务 3 数据删除 任务 4 实例-数据更新	D1、C1、A1
	8	单元 5 熟用数据查询（一） 任务 1 单表查询 任务 2 多表查询	D1、C1
	9	单元 5 熟用数据查询（二） 任务 3 分类汇总与排序 任务 4 UNION 语句	D1、C1
	10	单元 5 熟用数据查询（三） 任务 5 实例-数据查询 任务 6 期中测试	D1、C1
	11	单元 6 熟用数据视图 任务 1 创建视图 任务 2 操作视图 任务 3 实例-数据视图	D1、C1
	12	单元 7 能应用索引 任务 1 索引的分类 任务 2 创建索引 任务 3 删除索引 任务 4 索引对查询的影响 任务 5 实例-索引	D1、C1
	13	单元 8 能应用数据库编程（一） 任务 1 编程基础知识 任务 2 创建存储过程 任务 3 创建和调用存储函数	C1、D1
	14	单元 8 能应用数据库编程（二） 任务 4 设置触发器 任务 5 实例-数据库编程	D1、C1、F2
	15	单元 9 掌握数据库管理（一） 任务 1 用户和数据权限管理 任务 2 数据的备份与恢复	D1、C1
	16	单元 9 掌握数据库管理（二） 任务 3 实例-数据库管理	D1、C1

3. 2. 2. 11 其他

大纲编写中，还包括建议教材、参考书籍、先修课程、教学资源、注意事项等，对课程的实施起到保障作用的部分。

（1）J 建议教材，课程组共同讨论确定，可在每个学期结束时，对建议的教材进行修订，可根据学科和课程特点进行选用。

（2）K 参考书籍，至少提供一本，能够拓展学生知识面，帮助学生自主学习的书籍。

（3）L 先修课程，要指明该课程开设之前，已经开设的和本课程关联度较大的课程。

（4）M 教学资源，可以从教师资源、学校资源以及网络资源等方面进行填写，方便学生在学习过程中，查找相关资料，完成课前预习、课后的复习等。

（5）N 注意事项，说明大纲执行过程中，需要特殊说明的部分。主要包括两部分内容，一为对进度表的说明，可以根据教学需要进行调整。二为对知识产权的保护说明。

以数据库技术（MySQL）课程的课程为例，对各项内容进行填写。见表 3-14。

表 3-14 其他

J 建议教材	周德伟，覃国蓉 . MySQL 数据库基础实例教程（微课版）[M]. 北京：人民邮电出版社，2017.
K 参考书籍	李锡辉 . MySQL 数据库技术与项目应用教程[M]. 北京：人民邮电出版社，2018.
L 先修课程	办公软件高级应用
M 教学资源	多媒体课件、网络数据库技术慕课资源、精品课程网站
N 注意事项	1. 本课程大纲进度表部分可根据教学需要进行调整； 2. 请尊重知识产权，不得非法影印

3. 2. 2. 12 课程分析与评估

课程分析与评估，是在课程结束之后，对课程的一个回顾与总结，分析学生对各项能力的达成度，便于进一步的对教学进行改进。如果学生学科平均成绩在75分以下，需要进行额外的分析、说明，导致平均分较低的原因是什么，后续的改进措施是什么。课程分析评估共分三部分进行阐述，包括学习成效分析、核心能力检讨以及其他情况说明。

学习成效分析，主要从整体目标、知识、能力、素质目标分析学生的达成情况，并对学习成效做整体分析。首先，总体目标要和课程描述相呼应，从整体概述是否达到了课程描述的学习成果。其次，是从知识、能力、素质三个方面呼应课程教学目标，去分析、描述是否达到了相应的教学目标。最后，从课程执行层面采用的教学策略、教学手段等，利于课程目标达成进行整体的分析。

核心能力检讨，首先，要对照各项核心能力指标进行分析，逐条分析是否达到了相应的知识、能力、素质目标，并表明对应核心能力目标在本课程的具体的体现和应用。其次，对核心能力达成从整体进行分析，着重描述学生通过课程的学习，自身各项知识、技能和素质得到的提升，呼应课程描述。

其他部分，主要对课程实施过程中存在的不足进行分析，并提出课程的进一步的改进方向和措施。首先，学习成效之评析与改善，针对学生在学习过程中和成果中出现和存在的问题和不足进行分析，并有针对性地提出相应的改善措施。其次，核心能力（指标）之评析与改善，针对课程对于核心能力指标掌握的程度进行分析，查找不足，并提出相应的改善措施。

以数据库技术（MySQL）课程的课程为例，对各项内容进行填写。见表3-15。

表3-15　课程分析与评估

<table>
<tr><td rowspan="2">0
课程分析与评估</td><td>平均成绩</td><td>74</td><td>及格率</td><td>96%</td><td>修课人数</td><td>53</td></tr>
<tr><td>学习成效分析</td><td colspan="5">1、总体目标：通过本课程的学习，多数学生能掌握MySQL数据库管理、维护和设计的基本方法，通过MySQL图形化管理工具和命令两种方式，实现对数据库的操作和数据库的日常管理；
2、知识目标：多数学生能够掌握MySQL的安装、配置和日常管理的知识，正确理解MySQL的语言结构，掌握MySQL数据库设计和操作的基本方法；
3、能力目标：多数学生能掌握MySQL与第三方图形管理软件的安装与配置；熟悉运用MySQL图形化管理工具对数据库进行用户、日志、备份等日常管理；能熟练运用工具和命令两种方式实现对数据库、表、查询、视图、索引的基本操作；具备MySQL数据库系统设计的能力和解决数据库设计及安装过程中出现问题的能力。符合本门课程以实作为主的性质；
4、素质目标：多数学生能提升认真学习的态度、在学习过程中的责任意识和解决实际问题的能力；
5、整体分析：本课程的教学策略，通过课堂实践操作增加学生的数据库系统设计能力，并通过课堂讲授及操作演示，增强学生能熟练应用MySQL图形化管理工具和命令两种方式，实现对数据库的操作和日常管理的能力</td></tr>
</table>

续表 3-15

<table>
<tr><td rowspan="3">O
课程分析与评估</td><td>平均成绩</td><td>74</td><td>及格率</td><td>96%</td><td>修课人数</td><td>53</td></tr>
<tr><td>核心能力检讨</td><td colspan="5">1、各项核心能力指标分析：本课程与核心能力指标 A1（具备良好的学习责任意识）、C1（掌握 MySQL 数据库的基本操作方法和数据库设计的基本方法）、D1（具备运用工具和命令两种方式实现 MySQL 数据库操作和日常管理技能）、F2（具备独立思考、综合分析，解决实际问题的能力）之培养有关。A1（具备良好的学习责任意识）、C1（掌握 MySQL 数据库的基本操作方法和数据库设计的基本方法）、D1（具备运用工具和命令两种方式实现 MySQL 数据库操作和日常管理技能）达成度较高，F2（具备独立思考、综合分析，解决实际问题的能力）尚需加强；
2、核心能力整体分析：通过本课程的学习，学生具有熟练应用 MySQL 图形化管理工具和命令两种方式，实现对数据库的操作和数据库的日常管理的能力，具有数据库系统设计的能力，能提升认真学习的态度、在学习过程中的责任意识及独立思考、综合分析，解决实际问题的能力</td></tr>
<tr><td>其他</td><td colspan="5">1、学习成效之评析与改善：通过实践项目任务讨论提升学生学习动机，因此学生学习的兴趣和主动性普遍高，课堂上的互动更为活跃；此外，平时作业和实践操作的表现大致不错，但是有个别学生由于学习态度不够端正，不认真完成作业，导致不能通过本门课程的最终考核。针对这些平时不爱学习的学生，要加强个别沟通与交流，增加平时的辅导工作；
2、核心能力（指标）之评析与改善：综合学生本学期之各项表现，可以得知核心能力指标 F2 再加强，或许可以透过多安排实际工程项目的训练来帮助学生了解实际工程应用</td></tr>
</table>

3.2.3　课程大纲的检核

课程大纲应是同一门课程的课程团队共同制定、完成，制定完成之后，需要经过课程检核委员的检核，才能付诸实施。课程检核委员会依据进入实施阶段，课程大纲除了教学进度可根据教学需要，由任课老师自主调整外，其他部分不能随意变动。可在课程实施完成以后，根据实际情况对课程大纲进行修订，不断的进行改善、完善。

依据课程大纲的设计原则与要点，特设计衢州职业课程大纲检核表，见表 3-16。检核表中涉及大纲中的各个部分的检核，各检核指标的评价标准，见表 3-17。

表 3-16 衢州职业技术学院课程大纲检核表

二级学院： 专业：
课程名称： 撰写教师：

检核项目	检核指标	检核结果	建议事项（勾选 C、D 必填）
基本资料	A1 课程名称、类型、修读方式正确		
	A2 开课学期、学分、总学时、实践学时正确		
课程描述	B1 明确阐述科目之目的、历程或结果		
	B2 呼应课程名称及其要旨、专业需求		
	B3 力求扼要精简，以 50 ~ 150 字为原则		
课程教学目标	C1 目标呼应课程（科目）要旨及专业需求（明确标示重点在理论/知识或实务/实操/实践）		
	C2 知识、能力、素质等目标条次能呼应课程名称的重点方向		
	C3 目标叙述包括课程描述的重要内涵		
	C4 目标叙述以学生、成果为中心，而非教师中心		
	C5 知识、能力、素质等目标归类适切，且动词切合知识、能力、素质等发展层次		
	C6 标注能力指标能呼应目标，掌握判别重点，对应能力（非仅知识），且一目标对应一能力指标		
	C7 目标设定数量于 4 ~ 8 项，以不多于 8 项为原则		
	C8 目标叙述七成以上学生能达成目标		
	C9 目标确保能达成，且设定谨守课程范围		
能力权重	D1 能力权重适当，充分呼应课程名称要旨及目标		
	D2 能力权重与次数成正相关，以 5% 的倍数填写，100 除以条次后得上下调整 5%，合计为 100%		
学分数分配	E1 各项分类的学分数放置、数量及总学时适切		
	E2 各项分类学分数能对应能力指标权重		
	E3 各项分类学分数能呼应教材内容大纲中之学时分配（理论/实务或实践）		

续表 3-16

教材大纲	F1 具体呈现各单元主题名称，活化且能判别层次		
	F2 标注能力指标能掌握单元主题的内涵重点，不超过3项能力指标为原则		
	F3 标注能力指标内涵及先后顺序能呼应学时分配（理论/实务或实践）		
	F4 标注能力指标条次、先后顺序能呼应能力权重、目标条次		
	F5 直接呼应教学目标，以 6～12 项为原则		
	F6 同一科目授课教师的最大公约数		
教学方式	G1 教学方式适当，且呼应课程目标		
	G2 教学方式多元，活泼富创意		
学习评价	H1 各评价阶段、配分的配分合理、周延		
	H2 评价方式呼应目标、能力指标，且多元		
	H3 评价方式标示的能力指标适切，且包括所有目标的能力指标		
	H4 评价说明力求周全、清晰扼要，学生易懂		
	H5 评价标准应包括相应的评价规准及附件		
教学进度	I1 单元名称与内容能呼应、衍化自教材大纲		
	I2 单元内容应精简扼要呈现，但不流于简略		
	I3 单元名称与内容对应能力指标及其顺序，应呼应教材大纲的能力指标及顺序		
	I4 进度次数以周为单位呈现为原则，一学期约为 16 周；若非每周上课宜让学生清晰了解进度（如以 2 节或半天为单位）		
建议教材及参考用书	J1 建议教材至少指定一本		
	J2 建议教材写法比照论文参考书目格式		
	J3 尽量呈现最新、重要的参考书目		
先修科目或能力	K1 具体指出先备课程或科目（视需要呈现）		
	K2 具体指出先备能力（起点能力）		
教学资源	L1 呈现必要的教学资源		
	L2 呈现必要的学生学习资源（视需要呈现）		
注意事项	M1 纳入：得视教学需要调整		
	M2 规范课堂学习的重要行为（视需要呈现）		

续表 3-16

课程分析与评估	N-1 平均成绩符合预期目标、适当		
	N-2 及格率符合预期目标、适当		
	N-3 修课人数符合规定、适当搭配教学法		
	N-4 课程概述（预期成果）叙述适当、前后呼应		
	N-5 学生学习成效能充分分析、评估各项课程目标		
	N-6 核心能力（指标）能充分分析、评估各项核心能力		
	N-7 其他（持续改善）能自我反思，提出改善作为		

检核委员签名：　　　　　　检核日期：　　年　月　日

表 3-17　各检核指标的评价规准

	A 非常符合	B 大部分符合	C 少部分符合	D 不符合
代码	A	B	C	D
配分	2	1.5	1	0
各检核指标（右列规准得权衡调整）	1. 完全掌握指标内各项重点； 2. 精准达到指标应有的质量	1. 大部分掌握指标内各项重点； 2. 大致达到指标应有的质量	1. 少部分掌握指标内各项重点； 2. 尚能达到指标应有的质量	1. 完全未能掌握指标内各项重点； 2. 未能达到指标应有的质量

课程检核委员可由专业主任、对该课程熟悉、富有经验的课程教师、企业专家等担任。可依据衢州职业技术学院课程大纲检核表，对课程大纲进行检核，提出相应的意见。撰写教师依据检核结果，对大纲不断地修订、完善，通过再次检核，直到当所有检核项均达到 A 非常符合，大纲得到课程组教师、检核委员等的认可，方可算完成，在学期初公布给学生进行学习参考。

3.3　基于成果导向的课程大纲开发实例

基于专业课程体系，以计算机类专业中的专业基础课程、专业核心课程、顶石课程等分别举例说明课程大纲的撰写。课程大纲实例中涉及评价部分的相关附件，将在第 5 章加以说明。

3.3.1　专业基础课程大纲

课程选择“C 语言程序设计”课程作为典型代表，作为专业基础课程，开设在大一入学的第一个学期。一般从零基础开始课程的学习，通过课程为后续的专业核心课程构筑理论和基本技能的平台。因此，此类课程在课程大纲的设计当中，首先，要完成基础知识掌握以及基本的程序设计思想的建立。其次，针对大一的新生要培养其养成良好的学习习惯和沟通的基本素养，为后续的学习，打下坚实的基础。最后，要让学生能开发微小型的作品，掌握一定的程序开发技能，激发学生继续专业学习的积极性。按照上述要求，我们遵照基于成果导向教育的课程开发原则，完成了课程大纲的设计，见表3-18。

表3-18　“C语言程序设计”课程大纲

衢州职业技术学院信息工程学院专业课程大纲

2018-2019 学年度第 一 学期 计算机应用技术 专业（○○班）

<table>
<tr><td>课程名称</td><td colspan="8">C语言程序设计</td><td colspan="3">课程代号</td><td colspan="2"></td></tr>
<tr><td>课程类型</td><td colspan="8">□通识　☑专业基础　□专业核心　□专业拓展　□综合实践</td><td colspan="3">授课教师</td><td colspan="2"></td></tr>
<tr><td>修读方式</td><td colspan="8">☑必修　□必选（方向课）　□选修（公共课）</td><td colspan="3">学分</td><td colspan="2">4</td></tr>
<tr><td>开课学期</td><td colspan="3">第1学期</td><td colspan="3">总学时（授课）</td><td colspan="2">64</td><td colspan="3">实践学时</td><td colspan="2">40</td></tr>
<tr><td>办公地点</td><td colspan="2">主楼728</td><td colspan="3">课外答疑时间</td><td colspan="3">每周三、五
12：00-13：30</td><td colspan="2">联系方式</td><td colspan="3">0570-8068×××</td></tr>
<tr><td>A
课程描述</td><td colspan="13">本课程旨在引领学生掌握程序设计的基础语法与基本思想，通过课堂演示、实操训练、分组实训、小组汇报等实践活动，提升学生结构化程序设计能力，养成良好的自我管理素养，提升学生沟通协作能力</td></tr>
<tr><td>B
课程教学
目标
（标注
能力指标）</td><td colspan="13">1. 知识
1.1　掌握C语言的基础语法　C1
1.2　掌握程序设计的基本思想、基本概念和基本方法　C1
2. 能力
2.1　熟用顺序结构、分支结构与循环结构　D1
2.2　能应用数组和排序算法　D1
2.3　能应用函数和结构体　D1
2.4　能按结构化程序设计规范流程分组实现小游戏开发　D2
3. 素养
3.1　养成良好的自我管理素养　B1
3.2　提升学生沟通交流、小组协作能力　E2</td></tr>
<tr><td>C
核心能力</td><td colspan="2">A尚德
弘毅</td><td colspan="2">B健康
关怀</td><td colspan="2">C专业
知识</td><td colspan="2">D熟用
技能</td><td colspan="2">E沟通
协作</td><td colspan="2">F问题
解决</td><td>备注</td></tr>
<tr><td rowspan="2">D
课程权重</td><td>A1</td><td>A2</td><td>B1</td><td>B2</td><td>C1</td><td>C2</td><td>D1</td><td>D2</td><td>E1</td><td>E2</td><td>F1</td><td>F2</td><td>合计</td></tr>
<tr><td></td><td></td><td>10%</td><td></td><td>25%</td><td></td><td>40%</td><td>15%</td><td></td><td>10%</td><td></td><td></td><td>100%</td></tr>
</table>

续表 3-18

E 学分数 分配权重	数学及基础科学等相关课程	专业课程-理论	专业课程-专业/实务	专业课程-实践/实作	通识或共同科目（不含数学）	其他	总学分数
		╱	1.5	2.5			4

F 课程内容 大纲	教学内容（能力指标代码）		学时分配		
			理论（实务）	实践	合计
	1. 掌握C语言的基础语法	C1、C1、B1	3	3	6
	2. 熟用顺序结构	C1、D1、B1	3	3	6
	3. 熟用分支结构	C1、D1	3	5	8
	4. 熟用循环结构	D1、C1	3	7	10
	5. 能应用数组	D1、C1	3	7	10
	6. 能应用函数	D1、C1、E2	3	3	6
	7. 能应用结构体与指针	D1、C1	4	4	8
	8. 能应用排序算法	D1、C1、D2	2	2	4
	9. 能分组协作完成小游戏开发（含课外学习）	D2、E2	0	6	6

G 教学方式	☑讲授 □讨论或座谈 ☑问题导向学习 ☑分组合作学习 □专题学习 ☑实作学习 □发表学习 □实习 □参观访问 □其他（ ）

H 学习评价	成绩项目	配分	评价方式（呼应能力指标）	细项配分	说明
	平时成绩	50	实作评价（观察）（B1）	10	出席率10分：基本分10分，缺课、迟到、玩游戏等，每次酌情扣0.5～1分（出席率见超星学习平台和点名册）
			实作评价（观察）（C1、D1、D2、E2）	40	2次阶段实作表现，每次20分。评量工具见附件1
	期中成绩	20	实作评价（D1）	20	期中测验，评量工具见附件2
	期末成绩	30	实作评价（D1）	30	期末测验，评量工具见附件3

续表 3-18

	周别	单元名称与内容	能力指标代码
I 进度表	1	单元 1　C 语言基础语法 任务 1　认知 C 语言程序结构和运行环境 任务 2　学习输入和输出语句	C1、D1、B1
	2	任务 3　学习数据类型、常量和变量 单元 2　顺序结构 任务 1　学习运算符和算术表达式	C1、D1、B1
	3	任务 2　学习数据类型转换和语句规范 任务 3　应用运算符、表达式和数学函数	C1、D1、B1
	4	单元 3　分支结构 任务 1　学习简单 IF 分支 任务 2　学习多分支 IF 语句	C1、D1
	5	任务 3　学习多分支 Switch 语句 任务 4　学习 IF 语句嵌套和随机函数	C1、D1
	6	单元 4　循环结构 任务 1　学习 While 和 Do While 循环语句 任务 2　学习 For 语句	D1、C1
	7	任务 3　学习 Break 和 Continue 语句 任务 4　学习循环嵌套	D1、C1
	8	任务 5　期中测试 单元 5　数组 任务 1　学习一维数组	D1、C1
	9	任务 2　学习二维数组 任务 3　学习字符数组	D1、C1
	10	任务 4　学习字符串和字符串处理函数 任务 5　应用数组和字符串函数	D1、C1、E2
	11	单元 6　函数 任务 1　学习有参函数的定义和调用 任务 2　学习无参函数的定义和调用	D1、C1、E2
	12	任务 3　学习变量作用域和简单递归算法 单元 7　结构体与指针 任务 1　学习结构体和结构体数组	D1、C1

续表 3-18

<table>
<tr><td rowspan="5">I
进度表</td><td>周别</td><td colspan="3">单元名称与内容</td><td colspan="2">能力指标代码</td></tr>
<tr><td>13</td><td colspan="3">任务 2 学习变量指针
任务 3 学习数组指针</td><td colspan="2">D1、C1</td></tr>
<tr><td>14</td><td colspan="3">任务 4 学习字符指针和文件指针
单元 8 排序
任务 1 学习冒泡排序算法</td><td colspan="2">D1、C1、D2</td></tr>
<tr><td>15</td><td colspan="3">任务 2 学习快排算法和 Qsort 函数
单元 9 综合项目实践
任务 1 学习结构化程序设计流程</td><td colspan="2">D1、C1
D2、E2</td></tr>
<tr><td>16</td><td colspan="3">任务 2 应用 C 语言分组完成小游戏设计开发
任务 3 小组汇报、复习</td><td colspan="2">D2、E2</td></tr>
<tr><td>J
建议教材</td><td colspan="6">唐懿芳. C 语言程序设计基础项目教程 [M]. 北京：清华大学出版社，2016.</td></tr>
<tr><td>K
参考书籍</td><td colspan="6">王彩霞. C 语言程序设计项目化教程 [M]. 北京：清华大学出版社，2012.
谭浩强. C 程序设计题解与上机指导 [M]. 北京：清华大学出版社，2000.</td></tr>
<tr><td>L
先修课程</td><td colspan="6">无</td></tr>
<tr><td>M
教学资源</td><td colspan="6">多媒体课件、网上教学资源、精品课程网站</td></tr>
<tr><td>N
注意事项</td><td colspan="6">1. 本课程大纲进度表部分可根据教学需要进行调整
2. 请尊重知识产权，不得非法影印</td></tr>
<tr><td rowspan="2">O
课程分析与评估</td><td>平均成绩</td><td>70.21</td><td>及格率</td><td>96.08%</td><td>修课人数</td><td>51</td></tr>
<tr><td>1. 学习成效分析</td><td colspan="5">（1）总体目标：通过本课程的学习，多数学生能掌握 C 语言程序设计的基础语法与结构化程序设计能力；
（2）知识目标：多数学生能够掌握 C 语言的基础语法，能够掌握结构化程序设计的基本概念和基本方法；
（3）能力目标：多数学生能熟练应用顺序结构、分支结构与循环结构，能应用数组和排序算法，能应用函数和结构体，能按结构化程序设计规范流程分组实现小游戏开发。符合本门课程以实作为主的性质；
（4）素质目标：大多数学生能养成良好的自我管理素养，提升沟通交流、小组协作能力；
（5）整体分析：本课程的教学策略，通过课堂讲授及编程操作演示讲授 C 语言的基础语法知识，并通过课堂实训以及实践操作，增强学生能熟练应用 Cfree 软件编写 C 语言程序的能力</td></tr>
</table>

续表 3-18

<table>
<tr><td rowspan="3">O
课程分析与评估</td><td>平均成绩</td><td>70.21</td><td>及格率</td><td>96.08%</td><td>修课人数</td><td>51</td></tr>
<tr><td>2. 核心能力检讨</td><td colspan="5">（1）各项核心能力指标分析：本课程与核心能力指标 C1（掌握 C 语言的基础语法）、D1（具备较强的 C 语言程序设计技能）、D2（具备一定的构思、设计、开发小游戏技能）、E2（具备团队协作能力）、B1（具备良好的自我管理素养）之培养有关。C1（掌握 C 语言的基础语法）、E2（具备团队协作能力）、B1（具备良好的自我管理素养）达成度较高，D1（具备较强的 C 语言程序设计技能）、D2（具备一定的构思、设计、开发小游戏技能）尚需加强；
（2）核心能力整体分析：通过本课程的学习，学生具有熟练应用三大结构程序设计的能力，具有较强的结构化程序设计技能，能养成良好的自我管理素养，提升沟通交流、小组协作能力</td></tr>
<tr><td>3. 其他</td><td colspan="5">（1）学习成效之评析与改善：通过实践项目任务引领、小组讨论提升学生学习动机，因此学生学习的兴趣和主动性普遍高，课堂上的互动较为活跃；此外，平时作业和实体作品制作的表现大致不错，但是有个别学生由于学习态度不够端正，不认真完成作业，导致不能通过本门课程的最终考核。对这些同学，将给予学习上的预警，并安排集中辅导，同时要注意与全班同学的沟通与交流，增加平时在线的辅导工作；
（2）核心能力（指标）之评析与改善：综合学生本学期之各项表现，可以得知核心能力指标 D1、D2 需再加强，或许可以通过学习社团或竞赛活动的形式增强项目的开发能力</td></tr>
</table>

注：1. 课程大纲 A—F 项由所在部门和相关课程委员会编写并审核通过，教师不能自行更改；
2. 本课程大纲 G—O 项同一课程不同授课教师应协同讨论研究达成共同核心内涵，教师不宜自行更改；
3. TAC 工程认证专业课程之学分数分配权重分三大类数学及基础科学等相关课程、专业课程-专业/实务（含理论）、专业课程-实践/实作；
4. 评价方式，可参酌下例方式。
（1）纸笔测验：小考、期中纸笔测验、期末纸笔测验；
（2）实作评价：作业、实作成品、日常表现、表演、观察、轶事记录；
（3）档案袋评价：书面报告、专题档案；
（4）口语评价：口头报告、口试。

3.3.2　专业核心课程大纲

专业核心课程一般开设在第 2 ~ 5 个学期，课时量一般较多，有些可高达 100 余课时。以培养学生的专业核心能力为主。学生应在此期间，掌握必要的实操标准和行业规范的意识；提升专业技能，能独立完成作品的构思、设计与开发等；在完成工作任务过程中，能够独立的发现、解决问题，形成一定的持续学习能力。计算机类课程我们可以简单的进行分类。一类课程既包含软件代码的编写，又包括菜单、鼠标的操作，类似的课程包括“Unity 3D 开发”“数据库技术”“Linux 操作系统”，称之为操作为主型课程大纲。一类课程以图形图像的处理为主，通过对图形图像的各种操作处理，达到一定的效果，包括相应的创意和创作，我们称之为图形图像为主型课程。类似的课程包括“Illustrator 图形制作”“影视剪辑与后期特效”“Photoshop 图像处理”。还有一类课程以程序开发，代码编写为主，类似的课程包括“Java 程序设计”“网站后端技术（PHP）”，称之为程序类课程。程序类课程的案例，已经在专业基础课程大纲中进行了举例，这里就不再重复举案例了，仅列举操作为主型课程大纲和图形图像类的课程大纲的案例。

3.3.2.1　操作为主型课程大纲

课程选择“Unity3D 开发”课程作为典型代表，以培养学生的专业核心能力为主，设计完成课程大纲，见表 3-19。

表 3-19　“Unity3D 开发”课程大纲

<table>
<tr><td colspan="7">衢州职业技术学院　○○　分院专业课程大纲
2018-2019 学年度第 一 学期 计算机应用技术 专业（○○班）</td></tr>
<tr><td>课程名称</td><td colspan="4">Unity3D 开发</td><td>课程代号</td><td></td></tr>
<tr><td>课程类型</td><td colspan="4">☐通识　☐专业核心　☐专业选修　☐专业方向　☐综合实践</td><td>授课教师</td><td>×××</td></tr>
<tr><td>修读方式</td><td colspan="4">☐必修　☑必选（方向课）　☐选修（公共）</td><td>学分</td><td>6</td></tr>
<tr><td>开课学期</td><td>3</td><td colspan="2">总学时（授课）</td><td>96</td><td>实践学时</td><td>64</td></tr>
<tr><td>办公地点</td><td>719 办公室</td><td>课外答疑时间</td><td>周三 12：00-13：00
周五 12：00-13：00</td><td>联系方式</td><td colspan="2">0570-8068×××</td></tr>
<tr><td>A
课程描述</td><td colspan="6">目的、历程、结果（性质、地位和任务）
本课程旨在引领学生掌握 Unity3D 技术开发手机游戏的基础知识和方法，通过项目演示、学生实践提高学生游戏开发的能力，具备 Unity3D 游戏开发设计的能力和有效表达沟通协调能力，能制定简单的学习计划，实现自我管理，提高学习效率和游戏开发的能力</td></tr>
<tr><td>B
课程教学目标
（标注能力指标）</td><td colspan="6">1. 知识
掌握游戏开发基础知识和方法　C1
2. 能力
（1）能使用 Unity3D 软件进行游戏场景设计；　D1
（2）能使用 Unity3D 软件进行游戏开发；　D1
（3）具备构思、设计、开发和测试手机游戏的能力；　D2
（4）具备使用官网资源解决问题和继续学习的能力　F2
3. 素质
强化自我管理，提高学习效率的能力　B1</td></tr>
</table>

续表 3-19

C 核心能力	A 尚德 弘毅		B 健康 关怀		C 专业 知识		D 熟用 技能		E 沟通 协作		F 问题 解决		备注
D 课程权重	A1	A2	B1	B2	C1	C2	D1	D2	E1	E2	F1	F2	合计
			15%		15%		35%	20%				15%	100%

E 学分数 分配权重	数学及基础科学等相关课程	专业课程-理论	专业课程-专业/实务	专业课程-实践/实作	通识或共同科目（不含数学）	其他	总学分数
			2	4			6

F 课程内容 大纲	教学内容（能力指标代码）		学时分配：理论（实务）	学时分配：实践	学时分配：合计
	1. Unity3D 简介及课程介绍	C1	2	0	2
	2. Unity 脚本基础和游戏对象控制	C1、D1	4	2	6
	3. 太空射击游戏开发	D1、D2、C1	4	10	14
	4. 2D 游戏开发	D1、C1	4	6	10
	5. 打飞机游戏开发	D1、C1、F2	6	16	22
	6. 第一人称射击游戏开发	D1、C1、F2	4	8	12
	7. 塔防游戏开发	D2、C1、F2	6	10	16
	8. 创意作品设计与开发（含课外学习）	B1、D1、D2、F2	2	12	14
	小计		32	64	96

G 教学方式	☑讲授　☐讨论或座谈　☑问题导向学习　☐分组合作学习　☐专题学习 ☑实作学习　☐发表学习　☐实习　☐参观访问　☐其他（　　）

H 学习评价	成绩项目	配分	评价方式（呼应能力指标）	细项配分	说明
	平时成绩	40	实作评价（观察）（B1）	10	出席率 10 分：基本分 6 分，缺课、迟到、玩游戏等，每次酌情扣 0.5 ~ 1 分（出席率见超星学习平台和点名册）
			实作评价（观察）（B1、C1、D1、D2）	30	各实训表现（含学习态度、沟通合作、专业技能、专业能力、完成情况等），评量方式见附件 1
	期中成绩	20	实作评价（C1、D2）	20	实作评价（期中机试，考核解决问题能力），试卷及评量方式见附件 2
	期末成绩	40	实作评价（B1、D1、D2、F2）	40	实作评价（期末机试，考核综合能力），试卷及评量方式见附件 3

续表 3-19

	次别	单元名称与内容	能力指标代码
I 进度表	1	单元 1　Unity3D 基础 任务 1　Unity3D 开发环境练习	B1、C1
	1	单元 2　Unity 脚本基础和游戏对象控制 任务 1　网上资源介绍和下载导入 任务 2　游戏对象的移动和旋转	C1、D1
	2	任务 3　游戏对象的其他控制方法	C1、D1
	2	单元 3　太空射击游戏开发 任务 1　太空射击游戏开发策划 任务 2　创建场景	C1、D1、D2
	3	任务 3　创建主角 任务 4　创建初级敌人 任务 5　创建高级敌人	C1、D1、D2
	4	任务 6　UI 界面与战斗管理 任务 7　敌人生成器与声音特效	C1、D1、D2
	4	单元 4　2D 游戏开发 任务 1　创建 Sprite	C1、D1
	5	任务 2　制作 2D 动画 任务 3　使用 2D 物理系统 任务 4　捕鱼游戏——创建鱼	C1、D1
	6	任务 5　捕鱼游戏——创建子弹和大炮	C1、D1
	6	单元 5　打飞机游戏开发 任务 1　背景移动 任务 2　创建枪和子弹	D1、C1、F2
	7	任务 3　创建敌机 任务 4　飞机移动 任务 5　碰撞	D1、C1、F2

续表 3-19

	次别	单元名称与内容	能力指标代码
I 进度表	8	任务 6　游戏得分设置 任务 7　飞机爆炸过程中的图片切换 任务 8　奖励复活次数	D1、C1、F2
	9	任务 9　开始与退出 任务 10　设置音效 任务 11　测试完善与打包	D1、C1、F2
	10	单元 6　第一人称射击游戏开发 任务 1　创建游戏场景与角色控制器 任务 2　设置摄像机与武器 任务 3　实现敌人的寻路与动画	D1、C1、F2
	11	任务 4　UI 的设计和应用 任务 5　变量的生命周期和脚本间的传递 任务 6　设置 UI 界面	D1、C1、F2
	12	单元 7　塔防游戏开发 任务 1　搭建游戏场景 任务 2　创建摄像机和游戏管理器 任务 3　设置路点	D2、C1、F2
	13	任务 4　创建敌人 任务 5　创建敌人生成器 任务 6　创建防守单位	D2、C1、F2
	14	任务 7　创建生命条 任务 8　创建自定义按钮	D2、C1、F2
		单元 8　创意作品设计与开发 任务 1　游戏策划	B1、D1、D2、F2

续表 3-19

<table>
<tr><td rowspan="3">I
进度表</td><td>次别</td><td colspan="4">单元名称与内容</td><td>能力指标
代码</td></tr>
<tr><td>15</td><td colspan="4">任务 2　游戏 UI 界面设计
任务 3　游戏主角与敌人设计
任务 4　游戏操作设计</td><td>B1、D1、D2、F2</td></tr>
<tr><td>16</td><td colspan="4">任务 5　准备资源
任务 6　游戏脚本编写（一）
任务 7　游戏脚本编写（二）</td><td>B1、D1、D2、F2</td></tr>
<tr><td>J
建议教材</td><td colspan="6">李梁. Unity 3D 手机游戏开发实战教程［M］. 北京：人民邮电出版社，2016.</td></tr>
<tr><td>K
参考书籍</td><td colspan="6">吴亚峰. Unity 3D 游戏开发标准教程［M］. 北京：人民邮电出版社，2016.</td></tr>
<tr><td>L
先修课程</td><td colspan="6">C 语言程序设计，3ds Max 效果图制作</td></tr>
<tr><td>M
教学资源</td><td colspan="6">多媒体课件、官网教学资源、学习论坛网站</td></tr>
<tr><td>N
注意事项</td><td colspan="6">1. 本课程大纲进度表部分可根据教学需要进行调整；
2. 请尊重知识产权，不得非法影印</td></tr>
<tr><td rowspan="2">O
课程分析与评估</td><td>平均成绩</td><td>76</td><td>及格率</td><td>88%</td><td>修课人数</td><td>34</td></tr>
<tr><td>1. 学习成效分析</td><td colspan="5">（1）总体目标：通过本课程的学习，多数学生能掌握游戏开发基础知识和方法，并能使用 Unity 开发引擎进行游戏开发；
（2）知识目标：多数学生能够掌握游戏开发基础知识和 Unity 的基本操作方法；
（3）能力目标：多数学生能进行游戏策划，能使用 Unity3D 软件进行游戏场景设计，并进行游戏开发和测试。符合本门课程以实作为主的性质；
（4）素质目标：多数学生能强化自我管理，提高学习效率的能力；
（5）整体分析：本课程采用丰富的案例进行游戏实战开发，学生了解游戏开发的过程，通过实践提高学生游戏开发的能力，能运用 Unity 进行简单的游戏开发</td></tr>
</table>

续表 3-19

O 课程分析与评估	平均成绩	76	及格率	88%	修课人数	34
	2. 核心能力检讨	（1）各项核心能力指标分析：本课程与核心能力指标 B1（具备身心健康、自我管理的素养）、C1（熟用程序设计工具）、D1（具备软件开发技能）、D2（具备一定的移动应用软件系统构思和设计技术及较强的实现和运行技能）、F2（具备解决手机游戏开发实际问题的能力）之培养有关，各指标达成度均较好； （2）核心能力整体分析：通过本课程的学习，学生具有利用 Unity 开发引擎进行游戏设计与开发的能力，具备一定的游戏错误排查和修改的能力，并具备较好的自我管理能力				
	3. 其他	（1）学习成效之评析与改善：通过制定合理的教学设计方案，学生基本能把 Unity3D 游戏的开发流程、方法和技巧掌握到；通过对学生采取分层教学，学习成绩较好，学习能力较强的学生，在完成课堂作业以后，鼓励他学习难度较大的内容，从而增强自己的专业技能，还能锻炼自我管理能力。有些学生由于对理论知识的学习不够重视，不会积极主动地在课后完成作业或学习新知识，因此对于学习主动性不高的学生，在课堂上督促他完成作业，及时对学生完成作业的情况进行作业评分并提出修改建议，一定程度下监督学生的学习； （2）核心能力（指标）之评析与改善：综合学生本学期之各项表现，可以得知核心能力指标 B1、C1、D1、D2、F2 达成度较好				

注：1. 课程大纲 A—F 项由所在部门和相关课程委员会编写并审核通过，教师不能自行更改；

2. 本课程大纲 G—O 项同一课程不同授课教师应协同讨论研究达成共同核心内涵，教师不宜自行更改；

3. TAC 工程认证专业课程之学分数分配权重分三大类数学及基础科学等相关课程、专业课程-专业/实务（含理论）、专业课程-实践/实作；

4. 评价方式，可参酌下例方式。

（1）纸笔测验：小考、期中纸笔测验、期末纸笔测验；

（2）实作评价：作业、实作成品、日常表现、表演、观察、轶事记录；

（3）档案袋评价：书面报告、专题档案；

（4）口语评价：口头报告、口试。

3.3.2.2 图形图像处理为主型课程大纲

课程选择“Illustrator 图形制作”课程作为典型代表，以培养学生的专业核心能力为主，主要以创作符合行业规范的作品为主要成果，设计完成课程大纲，见表 3-20。

表 3-20 “Illustrator 图形制作”大纲

衢州职业技术学院信息工程学院专业课程大纲

○○ 学年度第 ○ 学期 计算机应用技术 专业（○○班）

<table>
<tr><td>课程名称</td><td colspan="9">Illustrator 图形制作</td><td colspan="2">课程代号</td><td colspan="2"></td></tr>
<tr><td>课程类型</td><td colspan="9">□通识□专业基础☑专业核心□专业拓展□综合实践</td><td colspan="2">授课教师</td><td colspan="2"></td></tr>
<tr><td>修读方式</td><td colspan="9">□必修 ☑必选 □选修</td><td colspan="2">学分</td><td colspan="2">5.5</td></tr>
<tr><td>开课学期</td><td colspan="3">第 3 学期</td><td colspan="3">总学时（授课）</td><td colspan="3">96</td><td colspan="2">实践学时</td><td colspan="2">64</td></tr>
<tr><td>办公地点</td><td colspan="2"></td><td colspan="2">课外答疑时间</td><td colspan="2"></td><td colspan="3">联系方式</td><td colspan="4"></td></tr>
<tr><td>A
课程描述</td><td colspan="13">本课程旨在引领学生掌握图形设计与制作基础知识，熟用 Illustrator 软件进行图形设计与制作，通过构思设计、实操示范、项目训练、学生演示等方法，完成图形设计，实现作品创意设计与制作，强化设计创新精神，提升对家乡及社会的人文关怀素养</td></tr>
<tr><td>B
课程教学目标
（标注能力指标）</td><td colspan="13">1. 知识
（1）掌握图形设计与制作基础知识； C1
（2）掌握设计行业和印刷行业规范 C1
2. 能力
（1）能熟用基本绘图工具、色彩工具、路径工具； D1
（2）能熟用路径查找器、画笔、符号等控制面板； D1
（3）能熟用图层、蒙版及滤镜与效果菜单等命令； D1
（4）能综合运用软件基本工具、功能控制面板、菜单命令等，完成比较复杂的平面设计作品； D2
（5）能综合运用软件混合工具、封套工具、滤镜与效果等，完成丰富饱满的海报、包装盒等设计作品； D2
（6）能根据需求完成符合行业规范的作品创意设计与制作 F2
3. 素质
（1）养成良好的自我管理素养，强化善于沟通、敢于创新的素质； F1
（2）提升对家乡及社会的人文关怀素质 B2</td></tr>
<tr><td>C
核心能力</td><td colspan="2">A 尚德弘毅</td><td colspan="2">B 健康关怀</td><td colspan="2">C 专业知识</td><td colspan="2">D 熟用技能</td><td colspan="2">E 沟通协作</td><td colspan="2">F 问题解决</td><td>备注</td></tr>
<tr><td rowspan="2">D
课程权重</td><td>A1</td><td>A2</td><td>B1</td><td>B2</td><td>C1</td><td>C2</td><td>D1</td><td>D2</td><td>E1</td><td>E2</td><td>F1</td><td>F2</td><td>合计</td></tr>
<tr><td></td><td></td><td></td><td>10%</td><td>20%</td><td></td><td>30%</td><td>20%</td><td></td><td></td><td>10%</td><td>10%</td><td>100%</td></tr>
<tr><td rowspan="2">E
学分数分配权重</td><td colspan="2">数学及基础科学等相关课程</td><td colspan="2">专业课程-理论</td><td colspan="2">专业课程-专业/实务</td><td colspan="2">专业课程-实践/实作</td><td colspan="3">通识或共同科目（不含数学）</td><td>其他</td><td>总学分数</td></tr>
<tr><td colspan="2"></td><td colspan="2">—</td><td colspan="2">2</td><td colspan="2">3.5</td><td colspan="3"></td><td></td><td>5.5</td></tr>
</table>

续表 3-20

	教学内容（能力指标代码）		学时分配		
			理论（实务）	实践	合计
F 课程内容大纲	1. 认知 IllustratorCS6 入门与基础知识	C1、D1、F1	3	3	6
	2. 熟用图形与路径的绘制和编辑技术	C1、D1	4	10	14
	3. 熟用颜色填充与艺术处理操作方法及技巧	C1、D1	2	6	8
	4. 熟用文本、图表、图层及蒙版的操作方法与技巧	C1、D1、D2	4	8	12
	5. 品牌推广创意设计与制作	D1、D2、F1	6	20	26
	6. 熟用混合、封套和滤镜效果的操作方法与技巧	C1、D1、D2	2	8	10
	7. 海报创意设计与制作	D1、D2、F2	3	9	12
	8. 包装创意设计与制作	D2、B2、F2	1	5	6

G 教学方式	☑讲授　□讨论或座谈　□问题导向学习　☑分组合作学习　□专题学习 ☑实作学习　□发表学习　□实习　□参观访问　□其他（　　）

	成绩项目	配分	评价方式（呼应能力指标）	细项配分	说明
H 学习评价	平时成绩	40	表现性评价（观察）（C1、D1）	10	出席率 10 分：基本分 6 分，缺课、迟到、上课玩游戏等，每次酌情扣 0.5～1 分
			实作评价（观察）（D1、D2、C1）	30	各单元表现（含学习态度、沟通合作、专业技能、专业能力等）
	期中成绩	20	实作评价（D1、D2、F1、F2）	20	实作评价（期中作品设计）（附件 1 期中考试评分标准）
	期末成绩	40	实作评价（F2、B2、D1、D2）	40	实作评价（期末作品设计）（附件 2 期末考试评分标准）

	次别	单元名称与内容	能力指标代码
I 进度表	1	单元 1　认知 IllustratorCS6 入门与基础知识 任务 1　认知 IllustratorCS6 入门基础知识 任务 2　熟用 IllustratorCS6 辅助功能	C1、D1、F1
	2	单元 2　熟用图形与路径的绘制和编辑技术 任务 1　熟用图形选择工具 任务 2　熟用图形绘制与编辑工具 任务 3　熟用路径绘制与编辑工具 任务 4　熟用图形绘制与管理工具	C1、D1

续表 3-20

	次别	单元名称与内容	能力指标代码
I 进度表	3	单元 3　熟用颜色填充与艺术处理操作方法及技巧 任务 1　熟用颜色填充与描边控制面板 任务 2　熟用图形艺术效果处理操作与技巧	C1、D1
	4	单元 4　熟用文本、图表、图层及蒙版的操作方法与技巧 任务 1　熟用文本编辑与处理的操作方法和技巧 任务 2　熟用图表编辑操作与技巧 任务 3　熟用图层与蒙版操作方法和技巧	C1、D1、D2
	5	单元 5　品牌推广创意设计与制作 任务 1　LOGO 设计与制作 任务 2　照片级矢量图绘制 任务 3　产品宣传画、主题宣传画绘制	D1、D2、F1
	6	单元 6　熟用混合、封套和滤镜效果的操作方法与技巧 任务 1　熟用混合与封套效果 任务 2　熟用滤镜和效果的操作与技巧	C1、D1、D2
	7	单元 7　海报创意设计与制作 任务 1　“婚礼请帖”“饭店宣传海报”制作 任务 2　综合应用混合工具等设计与绘制 LOGO 任务 3　名片设计与制作 任务 4　四种不同效果海报设计与制作 任务 5　设计并绘制杂志封面 任务 6　五种不同效果海报背景设计与制作	D1、D2、F2
	8	单元 8　包装创意设计与制作 任务 1　“相机包装盒与贴图”设计与制作 任务 2　龙游特产富硒白莲包装盒与贴图设计制作	D2、B2、F2
J 建议教材	文杰书院 . Illustrator 平面设计与制作［M］. 北京：清华大学出版社，2014.		
K 参考书籍	雷波 . Illustrator CC 中文版标准教程［M］. 北京：高等教育出版社，2016. 李静 . Illustrator CS6 平面设计实用教程［M］. 北京：清华大学出版社，2014. 李金蓉 . Illustrator CS6 高手成长之路［M］. 北京：清华大学出版社，2013.		
L 先修课程	平面与色彩构成		
M 教学资源	多媒体课件、网上教学资源、精品课网站		
N 注意事项	1. 本课程大纲进度表部分可根据教学需要进行调整 2. 请尊重知识产权，不得非法影印		

续表 3-20

<table>
<tr><td rowspan="4">O
课程分析与评估</td><td>平均成绩</td><td>59</td><td>及格率</td><td>54%</td><td>修课人数</td><td>50</td></tr>
<tr><td>1. 学习成效分析</td><td colspan="5">1. 学生学习成效：
（1）总体目标：通过本课程的学习，多数学生能熟用 Illustrator 软件进行图形设计与制作，通过构思设计、实操示范、项目训练、学生演示等方法，完成图形设计，实现广告、海报、品牌推广、包装等创意设计与制作，建立自主学习与创新意识，提升对家乡及社会的人文关怀素养；
（2）知识目标：多数学生能够掌握图形设计与制作基础知识；
（3）能力目标：多数学生能掌握设计行业和印刷行业规范；能使用 Illustrator 软件进行设计和构图；能熟用 Illustrator 软件完成广告、海报、品牌推广、包装等创意设计与制作；
（4）素质目标：大多数学生能建立自主学习与创新精神；能提升对家乡及社会的人文关怀素养；
（5）整体分析：本课程的教学策略，通过课堂讲授及编程操作演示讲授 Illustrator 软件的绘图工具与图形编辑操作技术，并通过课堂实训以及实践操作，增强学生能熟练应用 Illustrator 进行图形绘制与编辑的能力</td></tr>
<tr><td>2. 核心能力检讨</td><td colspan="5">2. 核心能力（指标）反馈：
（1）各项核心能力指标分析：本课程与核心能力指标 B2（提升对家乡及社会的人文关怀素养）、C1（掌握 Illustrator 软件绘图与图形编辑操作）、D1（具备一定的构思、设计和制作广告、海报、品牌推广宣传页、包装的能力）、F1（具备应用 Illustrator 软件工具解决相关问题的能力）之培养有关。B2（提升对家乡及社会的人文关怀素养）、B1（具备良好的自我管理素养）达成度较高，C1（掌握 Illustrator 软件绘图与图形编辑操作）、D1（具备一定的构思、设计和制作广告、海报、品牌推广宣传页、包装的能力）、F1（具备应用 Illustrator 软件工具解决相关问题的能力）尚需加强；
（2）核心能力整体分析：通过本课程的学习，学生具有熟练应用 Illustrator 软件各基本绘图工具的能力，能熟用 Illustrator 软件进行图形的编辑操作，提升了对家乡及社会的人文关怀素养</td></tr>
<tr><td>3. 其他</td><td colspan="5">3. 其他（持续改善）：
（1）学习成效之评析与改善：通过实践项目任务引领、实训作品课堂展示与点评等提升学生的学习动机，因此学生学习的兴趣和主动性普遍高，课堂上的互动较为活跃；此外，平时作业和实体作品制作的表现大致不错，但是对中专 3+2 进来的学生，因为之前没有经验，被他们平时课堂上的活跃和热情遮住了视线，忽视了他们怕苦怕累、喜欢耍小聪明的缺点，造成助长了学习态度不够端正的现象，从而出现了期末考试出现大量雷同卷的情况。本门课程阅卷结束后，已将相关同学全部找来，一对一进行批评教育，并要求上交了检讨书。同时，已将这个班级的情况向班主任、二级学院分管领导作了详细汇报；</td></tr>
</table>

续表 3-20

O 课程分析与评估	平均成绩	59	及格率	54%	修课人数	50
	3. 其他	（2）核心能力（指标）之评析与改善：综合学生本学期之各项表现，可以得知核心能力指标 D1、F1 需再加强，或许可以通过学习社团或竞赛活动的形式增强项目的开发能力				

注：1. 课程大纲 A—F 项由所在部门和相关课程委员会编写并审核通过，教师不能自行更改；
2. 本课程大纲 G—O 项同一课程不同授课教师应协同讨论研究达成共同核心内涵，教师不宜自行更改；
3. TAC 工程认证专业课程之学分数分配权重分三大类数学及基础科学等相关课程、专业课程-专业/实务（含理论）、专业课程-实践/实作；
4. 评价方式，可参酌下例方式。
（1）纸笔测验：小考、期中纸笔测验、期末纸笔测验；
（2）表现性评价：作业、实作成品、日常表现、表演、观察、轶事记录；
（3）档案袋评价：书面报告、专题档案；
（4）口语评价：口头报告、口试。

3.3.3 综合实践类课程大纲

该类课程以一段时间内集中完成一个大的综合项目为主，全部为实践课时。一般安排四次课程，每次课 4 个课时。在职业教育中对学生职业技能提升起到了非常重要的作用。可以作为计算机类课程中的一个大的类型，具有较强的代表性。主要以提升学生的产品的构思、创作能力为主，培养学生对技能应用的综合能力。选择了“网页设计实训”这门课程作为案例，见表 3-21。

表 3-21 “网页设计实训”课程大纲

衢州职业技术学院信息工程学院课程大纲

2018-2019 学年度第 二 学期 计算机应用技术 专业（18 计算机 1、2 班）

课程名称	网页设计实训（Photoshop+Dreamweaver）			课程代号	14110530
课程类型	□素质通识 □专业基础 ☑专业核心 □专业拓展			授课教师	×××
修读方式	□必修 ☑必选 □选修			学分	1
开课学期	2	总学时	20	实践学时	20
办公地点	719 办公室	课外答疑时间	每周三、周五中午 12：30—13：30	联系方式	1515700××××
A 课程描述	本课程旨在提升网页设计与制作软件综合运用能力，熟用 Photoshop、Dreamweaver 软件进行网页设计与制作，通过任务驱动、启发、讨论、演示等方法进行网站需求分析、网站规划设计、网页设计与制作、综合测试网页等实践活动，制作符合功能需求、具备一定视觉效果的网页并展示，提升团队沟通协作能力				

续表 3-21

B 课程教学目标 （标注能力指标）	1. 能力 （1）能进行网站需求分析、网站规划设计和综合测试网页；　D2 （2）熟用 Photoshop、Dreamweaver 软件进行网页设计与制作；　D1 （3）能制作符合功能需求、具备一定视觉效果的网页并展示　F2 2. 素质 （1）提升团队沟通协作能力　E2

C 核心能力	A 尚德弘毅		B 健康关怀		C 专业知识		D 熟用技能		E 沟通协作		F 问题解决		备注
D 课程权重	A1	A2	B1	B2	C1	C2	D1	D2	E1	E2	F1	F2	合计
							30%	25%		20%		25%	100%

E 学分数分配权重	数学及基础科学等相关课程	专业课程-理论	专业课程-专业/实务	专业课程-实践/实作	通识或共同科目	其他	总学分数
		—		1			1

F 课程内容大纲	教学内容（能力指标）		学时分配		
			理论（实务）	实践	合计
	1、分析网站需求	D1、E2	0	2	3
	2、规划网站结构	D1	0	1	3
	3、设计与制作网页	D2	0	10	10
	4、中期检查	D2	0	2	2
	5、综合测试网页	D1	0	1	6
	6、展示网页设计作品	F2	0	4	4

H 教学方式	□讲授　□讨论或座谈　□问题导向学习　☑分组合作学习　□专题学习 ☑实作学习　☑发表学习　□实习　□参观访问　□其他（　　）

I 学习评价	成绩项目	配分	评价方式（呼应能力指标）	细项配分	说明
	平时成绩	20	实作评价（观察）（D1、D2、F2、E2）	20	出勤 20 分：满勤 20 分，请假、迟到、睡觉、玩手机、缺课，每次酌情扣 1 ~5 分
	中期检查	20	实作评价（D1、D2、F2、E2）	20	网站各功能模块网页设计作品，具体评价按照实训要求中评价规则打分
	期末成绩	60	实作评价（D1、D2、F2、E2）	50	整合网站网页设计作品，具体评价按照实训要求中评价规则打分
			口语评价（D1、D2、F2、E2）	5	整合网站网页设计作品展示汇报，具体评价按照实训要求以及评分标准进行
			档案评价（F2、E2）	5	网页设计实训报告，具体评价按照实训报告要求以及评分标准进行

续表 3-21

	次别	单元名称与内容	能力指标代码
J 进度表	1	单元 1　分析网站需求 　任务 1　分析网站功能 单元 2　规划网站结构 　任务 1　确定站点结构 　任务 2　确定网站功能模块及分工	D1、D2、F2、E2
	2	单元 3　设计与制作网页 　任务 1　网站各功能模块制作 单元 4　中期检查 　任务 1　检查网站各功能模块网页	D1、D2、F2、E2
	3	单元 5　综合测试网页 　任务 1　网站整合 　任务 2　撰写实训报告	D1、D2、F2、E2
	4	单元 6　展示网页设计作品 　任务 1　汇报	F2、E2
K 建议教材	无		
L 参考书籍	陈承欢．网页设计与制作任务驱动教程（第 3 版）[M]．北京：高等教育出版社，2017.		
M 先修课程	Photoshop 图像处理、网站前端设计		
N 教学资源	网络资源		
O 注意事项	无		

P 课程分析与评估	平均成绩		及格率		修课人数	
	1. 学习成效分析					
	2. 核心能力检讨					
	3. 其他					

注：1. 课程大纲 A—G 项由所在部门和相关课程委员会编写并审核通过，教师不能自行更改；

2. 本课程大纲 H—P 项同一课程不同授课教师应协同讨论研究达成共同核心内涵，教师不宜自行更改；

3. 评价方式，可参酌下例方式。

（1）纸笔测验：小考、期中纸笔测验、期末纸笔测验；

（2）实作评量：作业、实作成品、日常表现、表演、观察、轶事记录；

（3）档案评量：书面报告、专题档案；

（4）口语评量：口头报告、口试。

3.3.4　顶石课程大纲

顶石课程是学生近三年的培养目标的体现，学生的学习成果的有力证明。我校选择了毕业综合实践课程作为顶石课程。设计完成课程大纲见表 3-22。

表 3-22　“毕业综合实践”课程大纲

衢州职业技术学院信息工程学院专业课程大纲
2018-2019 学年度第 二 学期 计算机应用技术 专业（○○班）

<table>
<tr><td>课程名称</td><td colspan="4">毕业综合实践</td><td colspan="2">课程代号</td><td></td></tr>
<tr><td>课程类型</td><td colspan="4">□通识　□专业基础　□专业核心　□专业拓展　☑综合实践</td><td colspan="2">授课教师</td><td>××</td></tr>
<tr><td>修读方式</td><td colspan="4">☑必修　□必选　□选修</td><td colspan="2">学分</td><td>10</td></tr>
<tr><td>开课学期</td><td>第 5 ~ 6 学期</td><td colspan="2">总学时（授课）</td><td>160</td><td colspan="2">实践学时</td><td>144</td></tr>
<tr><td>办公地点</td><td></td><td colspan="2">课外答疑时间</td><td></td><td colspan="2">联系方式</td><td></td></tr>
<tr><td>A
课程描述</td><td colspan="7">本课程旨在培养学生综合运用知识和技能，整合跨领域知识，运用新方法、新技术解决计算机应用技术领域实际问题的能力，通过教师指导、查阅相关文献，学生小组合作完成毕业设计，提高学生沟通表达、团队协作能力、自我管理能力，培养学生精益求精地不断完善毕业设计课题的意识和责任担当素养</td></tr>
<tr><td>B
课程教学目标（标注能力指标）</td><td colspan="7">1. 知识
（1）掌握综合运用知识的方法；　C1
（2）掌握整合跨领域知识的方法　C2
2. 能力
（1）能进行课题调研、资料收集整理并能正确使用技术手册；　D1
（2）能进行需求分析、构思、设计、制作完成毕业设计作品；　D2
（3）能综合运用知识和技能解决设计及技术问题；　F2
（4）具备在毕业设计中运用新方法、新技术的能力　F1
3. 素质
（1）提高学生文字和语言的沟通表达能力；　E1
（2）提高学生组织协调和团队协作能力；　E2
（3）培养精益求精地不断完善毕业设计课题的意识；　A2
（4）培养学生的责任担当、感恩回馈素养；　A1、B2
（5）提高学生的自我管理能力　B1</td></tr>
<tr><td>C
核心能力</td><td>A 尚德弘毅</td><td>B 健康关怀</td><td>C 专业知识</td><td>D 熟用技能</td><td>E 沟通协作</td><td>F 问题解决</td><td>备注</td></tr>
</table>

续表 3-22

D 课程权重	A1	A2	B1	B2	C1	C2	D1	D2	E1	E2	F1	F2	合计
	5%	5%	5%	5%	5%	10%	10%	15%	10%	10%	5%	15%	100%

E 学分数分配权重	数学及基础科学等相关课程	专业课程-理论	专业课程-专业/实务	专业课程-实践/实作	通识或共同科目（不含数学）	其他	总学分数
		—	1	9			10

F 课程内容大纲	教学内容（能力指标代码）		学时分配		
			理论（实务）	实践	合计
	1. 毕业设计课题调研	D1、E1、B1	0	20	20
	2. 文献查阅与分析	C2、C1、E1	16	0	16
	3. 毕业设计需求分析、构思、设计	D2、E2、A1	0	20	20
	4. 制作毕业设计作品	D2、F1、E2	0	40	40
	5. 测试及完善毕业设计作品	F2、A2、E2	0	20	20
	6. 撰写毕业论文	D1、E1	0	30	30
	7. 讨论并完善毕业论文	A2、E1	0	10	10

G 教学方式	□讲授 ☑讨论或座谈 □问题导向学习 ☑分组合作学习 □专题学习 ☑实作学习 ☑发表学习 □实习 □参观访问 □其他（ ）

H 学习评价	成绩项目	配分	评价方式（呼应能力指标）	细项配分	说明
	平时成绩	40	实作评价（观察）（A1、B1、C1）	20	以3个阶段表现进行评价，参见附件1毕业设计（论文）阶段考核表
			实作评价（开题报告）+开题答辩（C2、D1、E1、E2）	20	以开题答辩效果进行评分，参见附件2开题报告（答辩）评分表
	中期检查	20	实作评价（D2、A2、F2）	20	以毕业设计（论文）完成情况评价，参见附件3毕业设计（论文）中期检查表
	期末成绩	40	实作评价+口语评价（F1、E1、E2）	40	实作评价（毕业论文、毕业设计作品）+毕业答辩，参见附件4课程评价表、衢州职业技术学院毕业设计（论文）评分表、毕业设计（论文）评分标准

续表 3-22

	次别	单元名称与内容	能力指标代码
I 进度表	1	单元 1 毕业设计课题调研 任务：进行毕业设计课题市场调研	D1、E1、B1
	2	单元 2 文献查阅与分析 任务 1：合理运用各种手段收集、加工各种信息、正确运用技术手册和获取新知识 任务 2：融合跨领域知识，提出切实可行的实施方案	C2、C1、E1
	3	单元 3 毕业设计需求分析、构思、设计 任务 1：毕业设计开题论证 任务 2：毕业设计需求分析、构思、设计	D2、E2、A1
	4	单元 4 制作毕业设计作品 任务 1：小组对毕业设计作品任务进行分工 任务 2：小组协作制作毕业设计作品	D2、F1、E2
	5	单元 5 测试及完善毕业设计作品 任务 1：测试毕业设计作品 任务 2：完善毕业设计作品	F2、A2、E2
	6	单元 6 撰写毕业论文 任务 1：小组讨论撰写方案 任务 2：撰写毕业论文	D1、E1
	7	单元 7 讨论并完善毕业论文 任务 1：小组讨论毕业论文 任务 2：修改完善毕业论文	A2、E1
J 建议教材	无		
K 参考书籍	无		
L 先修课程	计算机应用技术专业所有正式、活动课程		
M 教学资源	网上资料		
N 注意事项	1. 本课程大纲进度表部分可根据教学需要进行调整； 2. 请尊重知识产权，不得非法影印		

续表 3-22

O 课程分析与评估	平均成绩		及格率		修课人数	
	1. 学习成效分析					
	2. 核心能力检讨					
	3. 其他					

注：1. 课程大纲 A—F 项由所在部门和相关课程委员会编写并审核通过，教师不能自行更改；

2. 本课程大纲 G—O 项同一课程不同授课教师应协同讨论研究达成共同核心内涵，教师不宜自行更改；

3. TAC 工程认证专业课程之学分数分配权重分三大类数学及基础科学等相关课程、专业课程-专业/实务（含理论）、专业课程-实践/实作；

4. 评价方式，可参酌下例方式。

（1）纸笔测验：小考、期中纸笔测验、期末纸笔测验；

（2）表现性评价：作业、实作成品、日常表现、表演、观察、轶事记录；

（3）档案袋评价：书面报告、专题档案；

（4）口语评价：口头报告、口试。

3.4 基于成果导向的单元教学活动设计分析

成果导向教育模式对高职院校的教师提出了更高要求，除了“精专业”之外，更要“会教学”。因此，完成了一门课程的开发后，在实施的过程中如何完成每个单元的教学活动设计成为了每课时能否实现教学目标的重要过程。

3.4.1 单元设计的理念与原则

3.4.1.1 单元的涵义

一个科目通常分成几阶段的学习，一个阶段就是一个单元；单元指整体中自为一组或自成系统的独立单位，不可再分，也不可迭加，否则就改变了事物的性质；单元是由组件或零件、分组件装配在一起，通常在各种不同的环境中能够独立工作的组合体。

3.4.1.2 成果导向的三大关系

基于成果导向的单元设计开发首先要明确成果导向的三大关系：一是科目和单元的关系；二是学习和教授的关系；三是目的和历程的关系。

（1）明确科目和单元的关系。就是明确学习的起点、专业培养目标和单元教学目标的关系。从过程着眼就是要精准定位学习内容、准确筛选学习做法、合理安排学习历程、广泛选取教学资源、客观实施教学评价、辅助形成教学诊断。要明确重点、分析学生学习前的基本能力和技能，分析教学单元之间的关系，了解单元的独特性与整个课程共性之间的关系。将学校“学”的和企业

"要"的相结合，使教学目的既能达到基础知识的要求又能满足行业标准的要求。

(2) 明确学习和教授的关系。就是明白课堂主体的位置关系。《悉尼协议》的理念中将课堂教学界定为活动历程而不是教学历程，这体现了以学为主的课堂教学模式，主要体现学生的活动路径而非老师的教学路径。活动历程中的五大要素体现在活动历程中就是课堂参与主体沟通互动、行动目标明确清晰、活动时间分配合理、活动方式选择恰当、活动内容安排合理。五大要素环环相扣，紧跟教学思路，贯穿学生活动为主的主线。

(3) 明确目的和历程的关系。就是明确"谁"为了什么"目标"用了多长"时间"以何种"形式"去做"什么"的全过程梳理。其中方法和目的是关键，而隐形的评量体系又促进了整个过程的提升。活动历程中要善于拓展时间和空间、课内与课外，利用各种辅助手段提升课堂活力，培养学生分析、评价和创造这三项高阶能力，达到培养人才的目的。

3.4.1.3　单元设计的原则

单元设计总原则可以总结为 9 个字：活、架、组、合、思、做、放、导、法。

(1) 活。单元设计要体现活泼性、生活性，设计单元教学目标，引导问题等要坚持所学知识与真实世界的相关性，要紧密地与学生的生活联系起来，探索"基于生活的问题导学"策略。

(2) 架。单元设计要体现架构性、支撑性。单元教学设计中知识内涵架构的完整性和建立学生能力的完整支架。单元教学设计并非不重视知识，而是要把知识与技能结合，在设计时知识内涵架构要完整，要有可理解性和可迁移性，能够转移类化。同时，在单元教学设计中要帮助学生搭建知识支架，帮助学生建立学习起点，使学生能把旧有知识、经验和新的知识组成完整的顺畅连接体系。注重知识与技能结合，以完成教学目标为依托。

(3) 组。单元设计要体现分组性、合作性。单元教学设计中，要以分组合作学习形式为基准，强化小组的讨论、实操及成果，并强调在过程中的收获。分组时要考虑组内成员的异质性，可以按兴趣专长、学习能力、学习态度、学习动机、学习成就、技能表现、行为表现、人际关系处理能力等多维度进行分组，这样能实现小组的互动，帮助学生在小组内和小组间建立不同类型的互动模式和交流模式，让学生互相学习，产生脑力激荡。

(4) 合。单元设计要体现整合性、融合性。开发单元教学设计时以真实生活为核心，整合不同学科、不同领域的知识，融入生活、生产和工作中的要素。在整合知识内涵时可以利用图标、图表及图形等多种形式，避免杂乱；举例时，融入生活实例，避免空洞枯燥。

(5) 思。单元设计要体现思考性、反思性。单元设计中可设置以问题为核心的活动历程，引导学生改变思考模式，培养学生的反思习惯，自我探索，发展自己的解决策略。

(6) 做。单元设计要体现体验性、实做性。开发单元教学设计时以真实生活为核心，整合不同学科、不同领域的知识，融入生活、生产和工作中的要素。在整合知识内涵时可以利用图标、图表及图形等多种形式，避免杂乱；举例时，融入生活实例，避免空洞枯燥。

(7) 放。单元设计要体现开放性、放开性。教师在教学方法上放手，通过教学任务的设计，让学生充分运用自主学习、合作学习等学习方法，通过完成任务将知识加以运用。

(8) 导。单元设计要体现辅导性、引导性。单元教学设计中教师要善于辅导和引导，教师应从原来消极的陪伴转变为积极的引导，让学生感觉到老师不是单纯的旁观者，而是引导前行、指引路径的合作者。

(9) 法。单元设计要体现方法性、法则性。单元教学设计中要体现方法性，单元教学设计中教师要善于辅导和引导，教师应从原来消极的陪伴转变为积极的引导，让学生感觉到老师不是单纯的旁观者，而是引导前行、指引路径的合作者。法则性。在教法和学法上，应选择多种形式的方法，讨论教学法、示范教学法、反思教学法、问题导向学习法、合作学习法、专题学习法、体验学习法等。法则是要制定明确的课堂规则，不能光“放”而不定“法”，教师在教学中放手不意味着放任，要制定规则，明确奖励机制，规范教学秩序。

3.4.2 单元设计的构成部分

基于成果导向的单元设计可分为四部分。第一部分是基本信息，包括课程名称、设计者、单元名称、授课类型、授课班级、班级人数等，主要呈现对单元教学直接有用的信息，课程大纲中已有信息，如无必要不需重复填写；第二部分是课前准备，包括学生学习条件分析、教学方法手段、教学资源、能力指标及课程教学目标、单元教学目标、教师和学生课前准备等，其中，学生学习条件分析内含：起点分析、重点分析、难点分析三部分，教学方法手段内含：教学方法、学习方法、教学手段三部分，单元教学目标最好分知识、技能、素养三个层次制定；第三部分是课上实施，包括活动历程、学习评价及课后作业等，活动历程需详细标明活动时间，单元学习评价可按目标有所侧重；第四部分是课后反思，包括教学后记等，教学后记中以下内容至少记录三项：(1) 能力指标或教学目标达成度。(2) 学生课堂学习表现情况。(3) 教学内容评价。(4) 教学方法和学习方法评价。(5) 教学资源使用情况。见表 3-23。

表 3-23　单元设计的构成部分

结构	项　目	备　注
第一部分： 基本信息	课程名称、设计者、单元名称、授课类型、授课班级、班级人数等	1. 呈现对单元教学直接有用的信息； 2. 课程大纲中已有信息，如无必要不需重复填写
第二部分： 课前准备	学生学习条件分析、教学方法手段、教学资源、能力指标及课程教学目标、单元教学目标、教师和学生课前准备等	1. 学生学习条件分析内含：起点分析、重点分析、难点分析三部分； 2. 教学方法手段内含：教学方法、学习方法、教学手段三部分； 3. 单元教学目标最好分知识、技能、素养三个层次制定
第三部分： 课上实施	活动历程、学习评价及课后作业等	1. 活动历程需详细标明活动时间； 2. 单元学习评价可按目标有所侧重
第四部分： 课后反思	教学后记等	教学后记中以下内容至少记录三项： 1. 能力指标或教学目标达成度； 2. 学生课堂学习表现情况； 3. 教学内容评价； 4. 教学方法和学习方法评价； 5. 教学资源使用情况

根据单元设计的主要构成部分，衢州职业技术学院设计了单元教学活动设计表格，见表 3-24。

表 3-24　衢州职业技术学院单元设计样表

衢州职业技术学院单元教学活动设计					
二级学院		专业		设计者	
课程名称		学年		学期	
授课类型	□理论型，□理实一体型，□实践型				
单元名称		班级		人数	
教材来源		授课学时			
学生学习条件分析	1. 起点分析 2. 重点分析 3. 难点分析				
教学方法手段					

续表 3-24

教学资源	
能力指标	
教学目标	知识 能力 素质
教师课前准备	
学生课前准备	
活动历程（强调成果导向、主要教学法的历程，含辅助手段、时间分配）	
学习评价	
课后作业	
教学后记	目标或能力指针达成度、学习表现、内容、方法、资源、业师协同等向度（至少写三项）

单元设计包括学生特征分析、单元教学目标、教学内容、教学策略等。学生特征分析是做好单元设计的前提，教师要全面了解特定班级学生的学习状态、认知特点以及知识基础，之后才能制定相应的教学策略，做到因材施教。单元教学目标包括知识、技能、态度（素养）3 个方面，并要明确其支撑的课程目标和毕业要求指标。一般将教学活动内容和教学策略结合起来进行设计，其实就是为教学活动设计一个详细的脚本，整体考虑内容顺序安排、学习者活动与组织、教学活动、媒体活动、时间分配等。

3.4.3　单元设计的元素分析

3.4.3.1　单元的划分

开发课程大纲时需确定课程模式，决定了单元的名称。如在 CDIO（构思、设计、实现和运作）模式中，一个单元可以是训练一项完整的技能；在 MES 模式中，一个单元可以是完成一个独立的任务；在生活情境模式中，一个单元可以是设定一种特定的情境；在学习领域模式中，一个单元可以是完成一个完整的项目；在成果导向教育模式中，一个单元可以是培养一类专项的能力。见图 3-2、表 3-25。

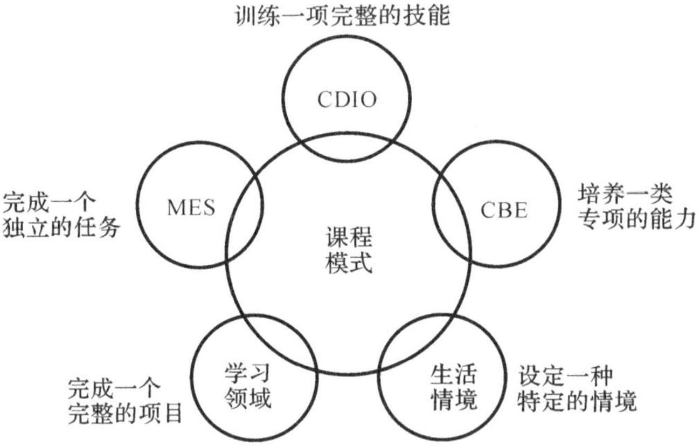

图 3-2　不同课程模式下单元设计的划分

表 3-25　单元的划分示例

能力分类	序号	单元名称	原　则
认知能力	单元一	认知数据库基础知识	1. 单元自身：增之一分则长，减之一分则短。——不延展或缩小； 2. 单元之间：楚河汉界——无重叠之处； 3. 单元之和：一个都不能少（课程大纲之教材内容大纲）——无缺失之处
数据库设计能力	单元二	掌握数据库设计	
数据维护能力	单元三	掌握数据定义	
	单元四	熟用数据更新	
	单元五	熟用数据查询	
数据库管理能力	单元六	熟用数据视图	
	单元七	能应用索引	
	单元八	掌握数据库管理	

3.4.3.2　学习条件分析

（1）起点分析。

1）可参考教学进程表或课程地图，列出在已修课程和已学习单元中学生具备的知识、技能。(可通过安置性或终结性评价获得)。

2）按照本单元总体目标找出学生学习本单元时所需的知识、技能与必备素养，详加分析，以条目形式列出。

3）两种模式：a. 学习本课程的所有先备能力；b. 学习本单元的必备能力。

4）如能体查学生的心境和特质，则更有针对性。

（2）重、难点分析。

1）重点分析。

a. 知识结构中最重要、最基本的中心内容；b. 知识网络中的连接点；c. 教学设计过程的主要线索；d. 短句表述，清晰易懂。

2）难点分析。

a. 以学生为中心；b. 学习上阻力较大或难度较高的某些关节点；c. 学生学习历程中困难点，而非从知识结构中寻找教师认为难以掌握的知识点。

3.4.3.3 教学方法与手段

（1）教学方法。教学方法有讲述、谈论法（问答法）、讲演法、读书指导法、讲授法、课堂讨论法、练习法、问题法、探究法、算法、翻译法、听说法、视听法、演示法、实验法、实习法等。根据各次课程内容特点选择适当的教学方法。

（2）学习方法。学习方法有解决问题学习（PBL法）、行动学习、合作学习、体验学习（社会实践法）、创意学习、自主学习、善用资源与求助学习等。

（3）教学手段（教学设备、教具）。具体有多媒体、VCD、DVD、录像、电影、录音、图表、标本、模型等。根据授课内容需要填写。教具：安全化、实用化、信息化。例如，学习单、墙报纸、磁铁、胶带、秒表、多媒体设备或其他教具与资源，若能依据学生人数列出数量将更佳。

3.4.3.4 教学资源

教学资源指学习活动所需要的主要教学资源，包括出版社资源：出版社教师手册、学生手册；学校资源：资源再用、善用与整合，必要时实施校际整合；社会资源：家长、小区资源，用能用者，不强求、不求完美；企业资源：企业界软硬件设备、技师、管理阶层人员。

3.4.3.5 单元教学目标设计

（1）单元教学目标、课程目标、专业教育目标的逻辑关系。成果导向的教育理念中目标分解细化，落实到课程的建构逻辑，以强调“学生学了什么”为宗旨，以标准表述具体，能直接或间接地测评为原则，架构专业教育目标、课程目标、单元教学目标间的逻辑关系，使得借助课堂教学过程数据有效地用于专业教育目标达成度的诊断。专业教育目标、课程目标、单元教学目标间的逻辑关系架构如图 3-3 所示。能力指标取自课程大纲之能力指标，课程内所有单元必须达成所有的能力指标，能力指标必须转化到教学目标。

图 3-3　专业教育目标、课程目标、单元教学目标间的逻辑关系架构

（2）单元教学目标设计。按照“三步走”的模式进行单元教学目标设计，即：首先，按照本单元对应的课程教学目标来剖析学生在新的单元学习活动中，要学习的重要内容是什么。其次，分析学生在学习前知道什么、会做什么，分析本单元教学目标与其他单元教学目标的关系。最后，综合前两个步骤，再结合学生现状设立知识、技能、素养目标的层次，注重学生为中心、清晰、可测，可采用“动词+名词+（形容词+副词）”的短句形式呈现。表 3-26 给出了目标表述不同认知层次所用的动词。

表 3-26　不同认知层次表述动词示例

分类	外显行为动词举例
知识目标描述	了解层面：说出、背诵、辨认、列举、复述、回忆、选出、界定等
	理解层面：解释、说明、归纳、概述、推断、区别、提供、预测等
	掌握层面：设计、辩护、质疑、撰写、解决、计划、总结、推导等
技能目标描述	模仿层面：模拟、重复、再现、扩展、例证等
	操作层面：完成、制订、解决、安装、测量、绘制等
	迁移层面：创新、灵活运用、举一反三、触类旁通等

续表 3-26

分类	外显行为动词举例
素质目标描述	感受层面：参与、寻找、交流、分享、考察等
	认同层面：认可、接受、欣赏、关注、拒绝、摒弃等
	内化层面：形成、具有、树立、热爱、坚持、追求等

3.4.3.6　教师课前准备

外在情境准备：布置学习情境、研究和准备教学内容、准备教具与教学媒体、准备教学器材或工具、设计作业或分组、服装服饰准备等准备工作。

内在心境准备：教学思路准备、课前心理准备等。

填写时要具体，富有针对性。

3.4.3.7　学生课前准备

引导学生于学习前做好准备工作，如收集资料、进行访问、实施调查、观察记录、完成作业、分组讨论或完成分组。提出的准备应具体明确。尽量提交告知，至少一周前告知。准备内容需学生能完成，非父母代劳。顾及家庭社会地位差异。

3.4.3.8　活动历程

（1）活动历程内涵。成果导向的理念中将课堂教学界定为活动历程而不是教学历程，这体现了以学为主的课堂教学模式，主要体现学生的活动路径而非老师的教学路径。

（2）活动历程五大要素。活动历程中的五大要素体现在活动历程中就是课堂参与主体沟通互动、行为目标明确清晰、活动时间分配合理、活动方式选择恰当、活动内容安排合理。五大要素环环相扣，紧跟教学思路，贯穿学生活动为主的主线。因此，活动历程就是明确“谁”为了什么“目标”用了多长“时间”以何种“形式”去做“什么”的全过程梳理。其中行为目标与单元教学目标、课程教学目标的对比见表 3-27。

表 3-27　行为目标与单元教学目标、课程教学目标的对比

目标 / 项目	目标分类		
	课程教学目标	单元教学目标	行为目标
范围	宽泛	中等	狭窄
所需时间	几个月或几周	几周或几天	几天或几小时

续表 3-27

项目＼目标	目标分类		
	课程教学目标	单元教学目标	行为目标
功能	设计课程	准备单元课时计划	准备活动时间计划
适用领域	计划整体课程	计划教学单元	计划具体活动历程

(3) 教学内容的撰写。教学内容的撰写要以教学大纲和学期授课计划为依据，以单元（课程）教学目标为准则，要体现出教学设计的路径，要处理好教案与教材、讲稿、电子课件之间关系。

(4) 活动历程实施阶段。在活动历程实施中要经历 3 个阶段，即准备阶段、发展阶段和整合阶段。见表 3-28。

表 3-28 活动历程的 3 个阶段

阶段	性质	主要任务	学习领域	CDIO
准备活动	开始阶段	激发学生学习动机 唤起学生原有经验 提示学生学习重点	资讯、计划	构思
发展活动	运行阶段	检验准备活动效果 确定学习方法与内容 继续创造学习环境 展开各项学习活动 鼓励学生主动学习	决策、实施	设计、实现
整合活动	总结阶段	整理学习内容 检验学习成果 展览学习成果 进行反省与改善	检查、评估	运行

(5) 辅助手段与时间分配。辅助手段包括完成教学任务所使用的教学手段，如“多媒体、VCD、DVD、录像、录音、挂图（表）、标本、模型”在教学内容和过程中的具体应用。时间分配指完成每一具体教学任务（知识点）所需的时间，尽量明确说明时间，至少以 10 分钟为单位，大于 10 分钟活动细部说明重点。

3.4.3.9 学习评价

单元教学设计中的学习评价不仅可以考察学生知识、技能及素养的变化，是否达到预期的教学目标，更可以间接检核教学方法手段、教学资源是否适当，作为今后设计改进的参考。单元学习评价依单元教学时间顺序分为前、中、后三个阶段，对应不同时间应使用安置性评价、形成性评价、总结性评价三类方式。单元学习评价应遵循多元评价原则，包含内涵多元、方式多元、人员多元、形式多元。评价可采取正式和非正式评价，也可以量而不评。减少评价数量的手段：萃取、整合、删除。纳入绿色意识、技能、行为评价等。示例见表 3-29。

表 3-29 学习评价示例

学习评价	满分 100 分 1. 口语评量：满分 50 分。代表团队进行汇报。具体评量标准见附件××。 2. 实作评量：满分 50 分。 （1）课堂任务评量（30 分）。根据学生所学知识点的结合情况，老师给予评学习分。（A：荣获前三等奖的小组成员每人 30 分；B：评量 21 ~ 29 分；C：11 ~ 20 分；D：1 ~ 10 分；E：0 分；）具体评量表和评量标准，见附件××和附件××； （2）作业评量（20 分）。依据学生对知识点的掌握与运用，分析案例，上交分析报告。老师给予评分。（A：20 分；B：15 ~ 19 分；C：11 ~ 14 分；D：5 ~ 10 分；E：0 ~ 4 分），具体评量标准见附件××

3.4.3.10 课后作业

课后作业是理解巩固课堂教学内容的载体，课堂教学内容的延伸，联系课堂内外的重要桥梁。课后作业要避免单调、形式陈旧，最好能生活化、情境化。设计无法大规模抄袭的作业，减量增效。见表 3-30。

表 3-30 课后作业示例

课后作业	1. 完成教材单元 2 后的习题 2。 2. 小组完成小学生四则运算系统的一题加、减、乘、除功能。

3.4.3.11 教学后记

教学后记是自我分析填写每次授课后的教学体会，如有什么经验、体会、不足、需要改进之处等。重点体现目标、表现、内容、方法、资源、业师协同、绿色等向度。也包括对省思与建议，如达成教学目标、能力指针的程度、业师协同、绿色意识、技能、行为、学习表现状况、教学内涵、教学方法、教学资源的优点与反省及具体改善意见。见表 3-31。

表 3-31　教学后记示例

教学后记	包括能力目标、内容、方法、学习表现、资源等 1. 能力目标达成度：通过口语评量和作业评量学生合格率能达到70%。 2. 省思学习内容：通过教学活动及学生学习成效来看，本单元设计的学习内容较合理。 3. 学生学习表现：多数学生都能积极主动参与学习过程，学习态度端正，小组合作学习意识强，但也有部分学生厌学。 4. 学习方法：本单元采用问题解决和小组合作学习，效果较理想，能够激发学生自主学习热情，培养学生小组合作意识。 5. 学习资源：学生利用网络资源不够便利。教学参考书数量不足，这些都影响学生学习效果。

3.4.4　单元设计的检核

教学单元设计检核见表 3-32。

表 3-32　教学单元设计检核表

检核项目	检核指标	检核结果	建议事项（勾选 C、D 必填）
学生学习条件分析	1. 起点分析：条目阐述所需先备知识、技能和素养		
	2. 重点分析：清晰呈现基本的或重要的知识、技能点		
	3. 难点分析：清晰呈现学生学习历程中的困难点		
教学方法手段	1. 教学方法多元，且响应单元教学目标		
	2. 教学手段适当，且兼顾课程需求与实际情况		
教学资源	1. 涵盖课前和课后所需要资源		
	2. 教学资源丰富，学生易于获取		
单元教学目标	1. 呼应课程目标及能力指标，且 70% 以上的学生能达成		
	2. 以学生为中心，动词切合知识、技能、素养的发展层次		
	3. 条目式（4～6 项）表述，简洁、清晰、可测		
课前准备	1. 教师课前准备具体且富有针对性		
	2. 学生课前准备具体、可操作且兼顾学生经济情况		

续表 3-32

检核项目	检核指标	检核结果	建议事项（勾选 C、D 必填）
活动历程	1. 整体设计以学生活动为主线，体现成果导向和行动学习		
	2. 教学内容呼应单元目标，体现教学设计的路径		
	3. 活动历程包含准备阶段、发展阶段和整合阶段		
	4. 具体活动包含参与主体、行为目标、活动时间、活动方式、活动内容，应具有可操作、可完成、可测量的特点，并体现合作性		
	5. 学生为主体的活动时间不低于 50%，活动时间大于 10 分钟，有相应的说明或描述		
学习评价	1. 评价方式呼应单元目标及能力指标		
	2. 评价方式多元，且兼顾过程性评价和总结性评价		
	3. 测验蓝图和评价尺规使用规范		
课后作业	1. 形式多元、避免单调，无机械抄记的内容		
	2. 配分明确，评分标准清晰		
教学后记	1. 达成单元目标、能力指标的程度		
	2. 教学优点与反思（视需要呈现）		
总分			

注：检核结果标示（配分）如下：A：非常符合（3），B：大部分符合（2），C：少部分符合（1），D：不符合（0），基本分 28。

3.5 单元教学活动之典型单元实例

3.5.1 专业基础课程单元设计

学生在学习基础类课程时往往从零起点开始学习一门新课程，是为后续的专业核心课程构筑理论和基本技能的平台。以“C 语言程序设计”课程为例，学生起点分析中提到“学生具备操作 Windows 和 Office 办公软件的基本技能”，而之前并未接触程序设计学习。而该课程涉及的程序设计概念和语法细节多，编写代码必须严格遵守语法规则，又要考虑逻辑关系，具有很强的操作性。

在教学过程中，要采用以问题设计算法、以算法带出程序的策略，引导问题和任务要增强和现实生活的关联性。学生的编程训练，按照“模仿程序、改写相关程序、进一步学会编写程序”的方式，通过程序跟踪、程序改错、自由设计等类型的训练，激发学生编程的兴趣和成就感。学习方式采用小组合作学习的方法，促进学生讨论、省思。每次课后都有整合活动，讨论分析学生上机出现的典型问题和交流好的做法，师生共同对语句的书写顺序和格式进行整合总结。具体实例见表 3-33。

表 3-33　衢州职业技术学院基础课程单元教学活动设计实例

<table>
<tr><td colspan="8">衢州职业技术学院单元教学活动设计</td></tr>
<tr><td>二级学院</td><td>信息工程学院</td><td>专业</td><td colspan="2">计算机应用技术</td><td>设计者</td><td colspan="2">×××</td></tr>
<tr><td>课程名称</td><td colspan="2">C 语言程序设计</td><td>学年</td><td colspan="2">2019-2020</td><td>学期</td><td>1</td></tr>
<tr><td>授课类型</td><td colspan="7">☐理论型，☑理实一体型，☐实践型</td></tr>
<tr><td>单元名称</td><td colspan="2">单元 1. C 语言的基础语法</td><td>班级</td><td colspan="2">19 计算机技术 1</td><td>人数</td><td>33</td></tr>
<tr><td>教材来源</td><td colspan="2">改编：
唐懿芳 . C 语言程序设计基础项目教程. 北京：清华大学出版社，2016.</td><td>授课学时</td><td colspan="4">6（3+3）</td></tr>
<tr><td>学生学习条件分析</td><td colspan="7">1. 起点分析
（1）学生具备操作 Windows 和 Office 办公软件的基本技能；
（2）学生具备自主学习能力，能主动查阅资料预习
2. 重点分析
（1）具有使用数据类型的能力；
（2）掌握 Printf 和 Scanf 函数的常用格式
3. 难点分析
（1）Printf 和 Scanf 函数参数设置和应用；
（2）掌握语句的书写顺序和格式</td></tr>
<tr><td>教学方法手段</td><td colspan="7">1. 教学方法：（学习方法）讲授法、实操演示、分组合作学习、自主学习；
2. 教学手段。多媒体、教学平台</td></tr>
<tr><td>教学资源</td><td colspan="7">1. 个人资源：教材、教学 PPT、实训指导书；
2. 学校资源：一体化教室、超星平台中的公共资源；
3. 网络、社会或出版社资源：C 语言程序设计精品课程（http：//jpkc. szpt. edu. cn/cyy/index. asp）、在线程序设计综合实验平台。（http：//acm. tzc. edu. cn/acmhome/welcome. do?method=index）；
4. 企业资源：企业工程案例、优秀校友的线上辅导</td></tr>
<tr><td rowspan="3">能力指标</td><td colspan="6">掌握 C 语言的基础语法</td><td>C1</td></tr>
<tr><td colspan="6">熟用输入输出语句</td><td>D1</td></tr>
<tr><td colspan="6">养成良好的自我管理素养</td><td>B1</td></tr>
</table>

续表 3-33

衢州职业技术学院单元教学活动设计	
教学目标	知识 1. 掌握 C 语言的程序结构和设计步骤； 2. 掌握数据类型和输入输出语句格式 能力 3. 能熟练应用变量和常量； 4. 能熟练应用 Printf 和 Scanf 函数 素质 5. 养成良好的自我管理素养； 6. 提升沟通交流、小组协作能力
教师课前准备	1. 准备好一体化机房，保证机器正常运转，配置好 Cfree3.5 软件； 2. 准备好授课 PPT，完成所有案例设计，实现所有功能； 3. 设计学生要完成的任务单； 4. 设计好教学环节； 5. 服装大方，自然得体
学生课前准备	1. 查阅资料，预习数据类型和输入输出格式； 2. 准备好分组
活动历程（强调成果导向、主要教学法的历程，含辅助手段、时间分配）	一、准备活动（35 分钟） 1. 活跃课堂气氛，自我介绍，学习通签到、点名（5 分钟）； 2. 课程定位，（10 分钟）； 3. 课程主要学习内容、学习方法介绍（15 分钟）； 4. 演示猜牌、打字游戏程序，激发学生的学习兴趣（5 分钟） 二、发展活动（50 分钟） 1. 新课导入 （1）演示"Hello World!"程序，熟悉 Cfree 运行环境（5 分钟）； （2）讲解 C 语言程序结构和执行过程（10 分钟） 2. 任务一：学生上机编写"Hello World!"程序 （1）上机辅导，问题解答（10 分钟）； （2）讲解学生出现的典型问题（5 分钟）； （3）每位学生模仿编写程序完成实训 1 任务单（20 分钟），见附件 1 三、整合活动（5 分钟） 全班共同对学习内容进行整合总结（5 分钟） ——第 1-2 节结束—— 一、准备活动（5 分钟） 1. 活跃课堂气氛，学习通签到、点名（1 分钟）； 2. 复习上节课学习过的课程重点（3 分钟）； 3. 简要介绍本节课的学习内容、重点及难点（1 分钟）

续表 3-33

衢州职业技术学院单元教学活动设计	
活动历程（强调成果导向、主要教学法的历程，含辅助手段、时间分配）	二、发展活动（75 分钟） 1. 任务二：计算三角形的周长和面积 （1）引入（向学生提出问题）（5 分钟）； （2）讲解常量、变量、数据类型的概念和应用方法（25 分钟）； （3）操作演示 printf 和 scanf 函数常用格式（10 分钟）； （4）案例演示圆面积的计算（15 分钟）； 1）讨论输入是什么？输出是什么？需要定义几个变量？数据类型是什么？ 2）代表发言。 （5）每位学生独立编写完成实训 2 任务单（20 分钟），见附件 2 三、整合活动（10 分钟） 1. 省思：讨论分析学生上机出现的典型问题和交流好的作法（5 分钟）； 2. 全班共同对语句的书写顺序和格式进行整合总结（5 分钟） ——第 3、4 节结束—— 一、准备活动（5 分钟） 1. 活跃课堂气氛，学习通签到、点名（1 分钟）； 2. 复习上节课学习过的课程重点（3 分钟）； 3. 简要介绍本节课的学习内容、重点及难点（1 分钟） 二、发展活动（75 分钟） 1. 任务三：三角形面积的计算。 （1）引入（向学生抛出问题）（5 分钟）； （2）讲解算术表达式与数学公式的表达方式与应用注意事项（25 分钟）； （3）案例演示三角形面积的计算（15 分钟）； 1）讨论键盘输入是什么值？输出是什么值？需要定义几个变量？可能定义什么数据类型？有没有 bug？ 2）代表发言。 （4）每位学生独立编写完成实训 3 任务单（30 分钟），见附件 3 三、整合活动（10 分钟） 1. 省思：讨论分析学生上机出现的典型问题和交流好的作法（5 分钟）； 2. 全班共同对学习内容进行整合总结（5 分钟） ——第 5、6 节结束——
学习评量	与单元 2 合并评量
课后作业	1. 完成分组，三人为一小组； 2. 完成小学生四则运算系统的欢迎界面； 3. 完成教材单元 1 后的习题 1
教学后记	目标或能力指针达成度、学习表现、内容、方法、资源、业师协同等向度（至少写三项） 1. 目标或能力指标达成度。 全班 80% 学生达到了教学目标和能力指标； 2. 学习表现。 通过课前任务的布置，学生按要求完成任务单，课上教师提出问题，学生通过分组讨论，解决问题，个别学生在程序编写过程中对 printf 和 scanf 参数理解不清，经过指导和同学讨论完成任务；

续表 3-33

衢州职业技术学院单元教学活动设计	
教学后记	3. 资源。 （1）学生按小组总结本单元学习情况，教师点评，指出存在的问题及解决方法，做好资料积累工作，保存好各小组操作的文件； （2）对学生操作中出现的问题的录屏，纳入多媒体教学课件中，以便对下一年度的学生操作指出注意事项

3.5.2 专业核心课程单元设计

本专业在核心课程的成果导向改革方面，科学合理设置课程目标、知识体系内容进行重新整合与优化，注重知识与技能的结合，以完成教学目标为依托，以分组合作学习形式为基准，强化小组的讨论、练习和成果，培养学生协作能力，教学单元设计中设置了很多以问题为核心的活动历程，引导学生改变思考模式，培养学生的反思习惯，自我探索，发展自己的解决策略。

3.5.2.1 操作为主型课程单元设计

此类课程以学生实践操作为主，教学设计要体现开放性和放开性，以成果为导向，学生为中心，教师要大胆放手让学生小组合作学习，其侧重点在于学生的学习成果，强调学生的实际动手能力。学生的主要地位是不可动摇的，学生在教师的引导下自行提出问题并解答。借助“学习通”APP，促进师生间的互动，教师随时了解学生的学习进度及程度，能够随时调整讲课进度及深度，更有利于学生预期学习目标的实现。考核要能评价学生学习成果的达成度，从而实现课程目标的达成。因此，成果导向教学模式的好处不仅仅是实现了教学的目标，更重要的是全面锻炼并提高了学生的自学能力、团队合作能力、表达能力、善于思考的能力。该类课程实例见表 3-34。

表 3-34 衢州职业技术学院专业核心课程单元教学活动设计实例

衢州职业技术学院单元教学活动设计							
二级学院	信息工程学院	专业	计算机应用技术		设计者	×××	
科目名称	Unity3D 开发			学年	2018-2019	学期	2
授课类型	□理论型，☑理实一体型，□实践型						
单元名称	Unity 脚本基础和游戏对象控制		班级	17 计算机技术 1、2 17 网络 1、2		人数	49
教材来源	改编： 金玺曾 . Unity 3D/2D 手机游戏开发 . 清华大学出版社，2017.		授课学时	4（2+2）			

续表 3-34

衢州职业技术学院单元教学活动设计	
学生学习条件分析	1. 起点分析： （1）具备操作 Unity3D 编辑器的能力； （2）具备 Unity 脚本的规范知识； （3）具备自主学习能力，能主动查阅资料预习 2. 重点分析： （1）掌握学习资源导入方面的一些基本元素； （2）掌握游戏对象的位移和旋转的属性和脚本； （3）掌握游戏对象的属性设置，脚本挂载； （4）掌握时间 Time 类，deltaTime 变量等； （5）掌握通过属性访问游戏对象； （6）掌握通过名字或标签访问游戏对象； （7）了解游戏对象的父子关系及其继承特性等 3. 难点分析： （1）掌握游戏对象的移动和旋转的属性和脚本； （2）掌握时间 Time 类，deltaTime 变量等； （3）掌握访问游戏对象的方法
教学方法手段	1. 教学方法（学习方法）。讲授法、实操演示、分组合作学习、自主学习； 2. 教学手段。多媒体、教学平台
教学资源	1. 个人资源：教材、教学 PPT、教案； 2. 学校资源：一体化教室、超星平台中的公共资源； 3. 网络、社会或出版社资源：Unity3D 主网提供的案例、教学视频、素材和其他资源（https：//unity3d. com/cn），Unity3D 脚本资源库（https：//docs. unity3d. com/ScriptReference/index. html）； 4. 企业资源：企业工程案例、优秀校友的线上辅导
能力指标	1. 掌握 Unity 游戏开发引擎的操作方法和脚本规范；　C1 2. 能使用 Unity3D 软件进行游戏开发　D1
教学目标	知识 1. 掌握游戏对象的位移和旋转的属性和脚本； 2. 掌握游戏对象的属性设置，脚本挂载； 3. 掌握时间 Time 类，deltaTime 变量等； 4. 掌握通过属性访问游戏对象； 5. 掌握通过名字或标签访问游戏对象； 6. 了解游戏对象的父子关系及其继承特性等； 能力 7. 掌握游戏对象的位移和旋转的属性和脚本； 8. 掌握游戏对象的属性设置，脚本挂载； 9. 掌握多种访问游戏对象的方法； 10. 了解游戏对象的父子关系及其继承特性等； 素质 11. 养成良好的自我管理素养； 12. 提升沟通交流、小组协作素养

续表 3-34

教师课前准备	1. 准备好一体化机房，保证机器正常运转，配置好 Unity3D 软件； 2. 准备好授课 PPT、教案，完成所有案例设计，实现所有功能； 3. 设计学生要完成的任务单； 4. 设计好教学环节； 5. 服装大方，自然得体
学生课前准备	查阅资料，预习 Unity3D 的脚本基础和游戏对象控制。
活动历程（强调成果导向、主要教学法的历程，含辅助手段、时间分配）	一、准备活动（5 分钟） 1. 活跃课堂气氛，学习通签到、点名（1 分钟）； 2. 复习上节课学习过的课程重点（3 分钟）； 3. 简要介绍本节课的学习内容、重点及难点（1 分钟） 二、发展活动（75 分钟） 1. 任务 1：网上资源介绍和下载导入。 （1）登录 Unity3D 网址 https://unity3d.com/cn，介绍各种安装包的区别和作用（5 分钟）； （2）介绍 Unity 官方在线商店 Asset Store，里面主要是出售 Unity 的插件或美术资源，学生下载资源练习，学习资源导入方面的一些基本元素：网格，材质，贴图，动画等（10 分钟）； （3）介绍 Unity 支持的多种格式的 3D 模型和贴图，比较常用的是 FBX 格式的模型和 PNG 格式的贴图，学生练习将老师提供的资源导入到 Unity 中（10 分钟） 2. 任务 2：游戏对象的移动和旋转。 （1）引入（游戏开发的核心是控制游戏对象）（5 分钟）； （2）游戏对象介绍，移动和旋转属性和组件等，时间 Time 类，deltaTime 变量等； （3）掌握访问游戏对象的方法（10 分钟）； （4）创建脚本，脚本的命名规范，脚本的执行顺序（10 分钟）； （5）每位学生独立完成实训任务，任务单详见附件 3 ▶游戏对象的移动脚本和附加，学生实现游戏对象不同方向移动的效果（10 分钟）。 ▶游戏对象的旋转脚本和附加，学生实现游戏对象不同方向旋转的效果（15 分钟）。 三、整合活动（10 分钟） 1. 省思：讨论分析学生上机出现的典型问题和交流好的做法（5 分钟）； 2. 全班共同对学习内容进行整合总结（5 分钟）。 ——第 1、2 节结束—— 一、准备活动（5 分钟） 1. 活跃课堂气氛，学习通签到、点名（1 分钟）； 2. 复习上节课学习过的课程重点（3 分钟）； 3. 简要介绍本节课的学习内容、重点及难点（1 分钟） 二、发展活动（75 分钟） 1. 任务 3：游戏对象的其他控制方法。

续表 3-34

活动历程（强调成果导向、主要教学法的历程，含辅助手段、时间分配）	（1）引入（不同方法控制游戏对象的作用）（5 分钟）； （2）演示访问游戏对象的方法、父子关系的设置流程、标签的作用和设置流程（30 分钟）； （3）每位学生独立完成实训任务，任务单详见附件 ▶通过其他类中的方法控制游戏对象的移动及实现（10 分钟）。 ▶通过父子关系来控制游戏对象的移动及实现（15 分钟）。 ▶通过名字或标签名访问并控制游戏对象的移动及实现（15 分钟）。 三、整合活动（10 分钟） 1. 省思：总结脚本的输入和容易出现的错误（5 分钟）； 2. 全班共同对游戏对象的控制和访问内容进行整合总结（5 分钟） ——第 3、4 节结束——
学习评量	1. 实作评量（与单元 1 评量表相同，详见附件），共计 100 分
课后作业	思考如何让游戏对象围绕某个特定的对象旋转，并实现
教学后记	1. 本单元达成教学目标比例为 85%； 2. 教学方法符合学生学习规律和要求，依据“低起点，严要求，小步子，多反馈，勤校正”的原则，将知识内容化成几个知识板块，学生在老师的引导下，采用先分后合，稳扎稳打，把各种错误消灭在萌芽状态，学生参与度较高，进入每一步学习，都会有新的感受，新的收获和新创造； 3. 本单元教学内容安排合理，基本完成教学内容； 4. 反思：对于在同一界面下的操作学生掌握较好，在不同界面切换操作时，对学生的逻辑思维要求较高，有的学生出现跟不上节奏的情况，需要师生均有耐心，放慢速度或个别辅导来完善

3.5.2.2 图形图像处理为主型课程单元设计

此类课程在单元设计时可应用视觉思维，将学习的内容和网页结构分析用视觉化来呈现，能够增强课堂趣味性，提高学生的学习兴趣和教学效率，对培养学生的创新思维具有重要作用。“Illustrator 图形制作”课程是计算机应用技术专业的一门专业核心课，在该专业人才培养方案和课程体系中具有重要地位，对培养毕业生的专业能力和综合素质具有重要意义。本课程将“学生中心、成果导向、持续改进”的教育理念贯穿始终，又把协同育人理念贯穿于教学实施过程中，将课堂学习、实践和课外项目结合进行协同教学，且进一步强化相关内容与培养目标的匹配程度，从而提高学生解决问题的能力及协同创新能力。见表 3-35。

表 3-35 Illustrator 图形制作课程单元设计

<table>
<tr><td colspan="7">衢州职业技术学院单元教学活动设计</td></tr>
<tr><td>二级学院</td><td>信息工程学院</td><td>专业</td><td>计算机应用技术</td><td>设计者</td><td colspan="2">×××</td></tr>
<tr><td>课程名称</td><td colspan="2">Illustrator 图形制作</td><td>学年</td><td>2018-2019</td><td>学期</td><td>1</td></tr>
<tr><td>授课类型</td><td colspan="6">□理论型，☑理实一体型，□实践型</td></tr>
<tr><td>单元名称</td><td colspan="2">单元6. 品牌推广创意设计与制作</td><td>班级</td><td>17 计算机技术 1-4</td><td>人数</td><td>50</td></tr>
<tr><td>教材来源</td><td colspan="2">文杰书院．《Illustrator CS6 中文版平面设计与制作》．清华大学出版社，2014</td><td>授课学时</td><td colspan="3">8（4+2+2）</td></tr>
<tr><td>学生学习条件分析</td><td colspan="6">1. 起点分析：
（1）学生具备 Illustrator 对象的常用选取操作能力；
（2）学生具备 Illustrator 对象绘制和编辑能力；
（3）学生具备 Illustrator 路径绘制和编辑能力；
（4）学生具备自主学习能力，主动查阅资料预习
2. 重点分析：
综合运用选择工具、基本绘图工具、路径工具等，完成品牌形象、产品 LOGO 等平面设计作品的绘制与编辑能力。
3. 难点分析：
选择工具、基本绘图工具、路径工具等的综合应用能力。</td></tr>
<tr><td>教学方法手段</td><td colspan="6">1. 教学方法：（学习方法）。通过实例引入内容，结合例子展开讲解；
2. 教学手段：多媒体实例讲解演示+实训</td></tr>
<tr><td>教学资源</td><td colspan="6">1. 个人资源：教材、教学 PPT、实训指导书；
2. 学校资源：一体化教室、超星平台中的公共资源；
3. 网络、社会或出版社资源：飞特网（http：//www.fevte.com/）、多媒体课件、网上教学资源、精品课网站</td></tr>
<tr><td>能力指标</td><td colspan="6">1、认知 LOGO、宣传画等平面设计作品的行业规范和相关知识； C1
2、熟用对象的常用选取操作与技巧； D1
3、熟用对象绘制和编辑能力； D1
4、熟用路径绘制和编辑能力； D1
5、能熟练进行上述工具、功能的综合运用； D2
6、能把握社会与客户需求，提升想象力和创造力； F2
7、养成良好的自我管理素养，提升学生沟通交流、相互协作能力 B2</td></tr>
<tr><td>教学目标</td><td colspan="6">1、具备熟用对象的常用选取操作与技巧的能力；
2、具备熟用对象的绘制与编辑、路径的绘制与编辑的能力；
3、具备综合运用 Illustrator 各种基本绘图工具、编辑控制面板、常用操作菜单的能力；
4、具备把握社会与客户需求的能力，能在作品设计与制作中提升想象力和创造力；
5、具备良好的自我管理素养，及相互沟通交流、互助协作的能力</td></tr>
</table>

续表 3-35

教师课前准备	1. 准备好一体化机房，保证机器正常运转，安装好 Illustrator 软件； 2. 准备好授课 PPT，完成所有案例设计，熟练示范操作的过程； 3. 设计学生要完成的任务； 4. 设计好教学环节； 5. 服装大方，自然得体
学生课前准备	学生课前利用教材预习
活动历程（强调成果导向、主要教学法的历程，含辅助手段、时间分配）	一、准备活动（10 分钟） 1. 活跃课堂气氛，学习通签到、点名（1 分钟）； 2. 综合归纳和阐述近阶段学习的知识重点、技术重点（8 分钟）； 3. 简要介绍本节课的学习内容、重点及难点（1 分钟） 二、发展活动（160 分钟） 1. 任务一：完成“卡通群像”补充案例的绘制，见附件 16。任务效果展示（2 分钟） 讲解： 群像作品快速绘制技巧； 锚点编辑工具与路径查找器在本任务中的典型应用操作演示（18 分钟）； 每位学生独立完成实训任务（100 分钟）。 2. 任务二：通过自主学习实训指导，独立完成“穿插效果”LOGO 的绘制。见附件 17（40 分钟） 三、整合活动（10 分钟） 1. 省思：讨论分析学生上机出现的典型问题和交流好的做法（5 分钟）； 2. 全班共同对学习内容进行整合总结（5 分钟） ——第 1-4 节结束—— 一、准备活动（5 分钟） 1. 活跃课堂气氛，学习通签到、点名（1 分钟）； 2. 复习上节课学习过的课程重点（3 分钟）； 3. 简要介绍本节课的学习内容、重点及难点（1 分钟） 二、发展活动（75 分钟） 完成“百度云 LOGO”补充案例的绘制，见附件 18： （1）任务效果展示（2 分钟）； （2）讨论： 案例应用操作技术有哪些？ 案例实现难点在哪里？如何突破？（18 分钟） 演示技术重点与难点的操作方法与技巧。（15 分钟） （3）每位学生独立完成实训任务（40 分钟） 三、整合活动（10 分钟） 1. 省思：讨论分析学生上机出现的典型问题和交流好的做法（5 分钟）；

续表 3-35

活动历程（强调成果导向、主要教学法的历程，含辅助手段、时间分配）	2. 全班共同对学习内容进行整合总结（5 分钟） ——第 5、6 节结束—— 一、准备活动（5 分钟） 1. 活跃课堂气氛，学习通签到、点名（1 分钟）； 2. 复习上节课学习过的课程重点（3 分钟）； 3. 简要介绍本节课的学习内容、重点及难点（1 分钟）。 二、发展活动（75 分钟） 完成“立体效果 QQ 企鹅”补充案例的绘制。见附件 19。 （1）任务效果展示（2 分钟）； （2）讨论： 案例应用操作技术有哪些？ 案例实现难点在哪里？如何突破？（10 分钟） 请优秀学生演示技术重点和难点的操作与技巧（10 分钟）。 （3）每位学生独立完成实训任务（53 分钟） 三、整合活动（10 分钟） 1. 省思：讨论分析学生上机出现的典型问题和交流好的做法（5 分钟）； 2. 全班共同对学习内容进行整合总结（5 分钟）
学习评量	课堂练习中巡视指导
课后作业	完成实训指导中给定的任务
教学后记	目标或能力指针达成度、学习表现、内容、方法、资源、业师协同等向度（至少写三项） 1. 目标或能力。指标达成度全班 80% 学生达到了教学目标和能力指标； 2. 学习表现。通过三个大型综合实训，学生的实操能力有了比较大的提高； 3. 方法。综合案例的难度相对较大，教学过程中通过教师演示→学生讨论，教师示范→学生讨论，学生示范的过程，引导学生提升自主学习能力

3.5.3 综合实践类课程单元设计

以案例式的综合实践类课程，可提高学生的综合实践技能。以《网页设计实训》课程为例，其教学实施流程包括以下几个阶段：确定预期学习成果→设定教学体系→学生为主，教师多渠道指导→制定灵活评价规则→检验实习效果，以学生实现目标达成为指导。采用以学生为学习主体开展实训，让学生自主学习讨论，并引入合理的考核体系，实现人人都必须动手进行，个个必须达到目标。单元 1 的单元教学设计活动设计见表 3-36。

表 3-36　衢州职业技术学院综合实践课程单元教学活动设计实例

<table>
<tr><td colspan="7">衢州职业技术学院单元教学活动设计</td></tr>
<tr><td>二级学院</td><td>信息工程学院</td><td>专业</td><td>计算机应用技术</td><td>设计者</td><td colspan="2">×××</td></tr>
<tr><td>课程名称</td><td colspan="2">网页设计实训
（Photoshop+Dreamweaver）</td><td>学年</td><td>2018-2019</td><td>学期</td><td>2</td></tr>
<tr><td>授课类型</td><td colspan="6">☐理论型，☑理实一体型，☐实践型</td></tr>
<tr><td>单元名称</td><td colspan="2">单元 1. 分析网站需求</td><td>班级</td><td>18 计算机技术 1、2</td><td>人数</td><td>105</td></tr>
<tr><td>教材来源</td><td colspan="2">无</td><td>授课学时</td><td colspan="3">2</td></tr>
<tr><td>学生学习条件分析</td><td colspan="6">1. 起点分析：
（1）学生具备 Photoshop 图像处理能力；
（2）学生已经完成《Web 前端基础》课程，具备 Dreamweaver 设计与制作网页的能力；
2. 重点分析：根据素材，设计、规划网站主题。
3. 难点分析：网站风格的确定</td></tr>
<tr><td>教学方法手段</td><td colspan="6">1. 教学方法：（学习方法）。自主学习、互助学习；
2. 教学手段：多媒体</td></tr>
<tr><td>教学资源</td><td colspan="6">1. 个人资源：教材、实训指导书；
2. 学校资源：一体化教室、超星平台中的公共资源；
3. 网络、社会或出版社资源：网页设计与制作相关精品课程</td></tr>
<tr><td>能力指标</td><td colspan="5">能进行网站需求分析</td><td>D2</td></tr>
<tr><td>教学目标</td><td colspan="6">知识
1. 熟练掌握 Photoshop、Dreamweaver 等软件基本操作；
能力
2. 能根据素材，设计、规划网站主题；
3. 能进行网站需求分析
素质
4. 互帮互助，关爱他人的品质</td></tr>
<tr><td>教师课前准备</td><td colspan="6">1. 准备好一体化机房，保证机器正常运转，配置好 Photoshop、Dreamweaver 软件；
2. 设计好学生要完成的任务单；
3. 设计好教学环节；
4. 服装大方，自然得体。</td></tr>
<tr><td>学生课前准备</td><td colspan="6">利用网络资源查阅资料，整理好收集的资料</td></tr>
</table>

续表 3-36

活动历程（强调成果导向、主要教学法的历程，含辅助手段、时间分配）	一、准备活动（25 分钟） 1. 活跃课堂气氛，学习通签到、点名（5 分钟）； 2. 实训定位（5 分钟）； 3. 本实训主要完成内容、学习方法介绍，见附件 1 实训要求（15 分钟） 二、发展活动（60 分钟） 1. 确定网站主题（15 分钟）； 2. 分析同类型网站，确定网站风格（15 分钟）； 3. 进行网站需求分析，搜集素材（30 分钟） 三、整合活动（5 分钟） 全班共同对本次实训内容进行整合总结（5 分钟）
学习评量	
课后作业	
教学后记	目标或能力指针达成度、学习表现、内容、方法、资源、业师协同等向度（至少写三项） 1. 目标或能力指标达成度。全班 90% 学生达到了教学目标和能力指标； 2. 学习表现。学生按实训要求完成任务，课内提出网站主题与风格相关问题，课外需继续搜集素材； 3. 资源。通过网络检索与网站欣赏确定网站主题和风格，网站主题也可以根据自己的兴趣爱好去选择

4 基于成果导向教育理念的课堂教学

4.1 基于成果导向教育理念的教学模式概述

基于成果导向教育理念的教学模式，是一种通过教学活动的开展来支撑学习结果的方法或者途径。OBTL 主要有三大构成：预期学习结果、教学活动和结果评估。ILOs 用来描述学生在规定的课程结束时预期达到的成果；教学活动环节的关键点在于教师想要学生学到什么，而不是教师怎么教，或者教什么；在评估环节，使用多种真实性的评估任务来进行评价，并且鼓励学生进行自我反思以培养探究与创新等能力。

4.1.1 基于成果导向教育理念的教学模式的特点

基于成果导向教育理念的教学模式打破传统的“以教师为中心”“以知识体系为导向”，是一种强调学生主体地位的教学模式，实现了教学范式由“内容为本”向“学生为本”的根本转变。相对于传统教学，该模式在教学目标、教学内容、教学过程和教学评价等方面具有如下特点：

（1）在教学目标上落实了专业认证的毕业要求。相对于传统的“以学科知识为主”的正向教学模式，成果导向教学模式注重学生综合能力的培养，将目标明确地聚焦于学生最终有意义的学习结果上，强调学生的“知识、能力、素质”三维教学目标，突出能力本位教育。它不再是正向的知识灌输，而是围绕学生的最终“成果”来组织和开展教学，以明确的综合能力的掌握为目标反向设计教学过程，最终促成学习成果的达成。这使得学生获得了毕业要求中各项能力指标的基本训练，为毕业学生通过 5 年左右时间达到人才培养目标中要求的实践能力提供支撑。

（2）在教学内容上更注重选择性。相对于传统的“统一”教学，成果导向教学模式在教学内容选择上具有更大的灵活性。教师根据学生的情况，选择不同的教学内容供不同能力水平的学生选择，学生则根据自己的不同情况和能力期望来选取相应的、适合自己的教学内容。这也改变了传统教学中教与学“两张皮”的状况。

（3）在教学过程上更注重以学生为主体。如果教学过程中关心的问题是“教师怎么教”，这是以教师为中心的教学。而 OBTL 模式下的教学关注更多的则是“学生怎么学”，教师通过学习活动指导和影响学生，使他们提高“应该学习什么”的感知，从学生的内外部需求出发，使学生能动地“创造”而不是被动地“接受”，通过主动的探究和实践过程培养多方面的能力。

(4) 在教学评价上注重多元化。成果导向教学模式在于确保所有的学生在离开教育系统时能够拥有今后走向“成功”所需要的知识和能力，但不要求他们在同一时间、用相同的方式达成。针对此，成果导向教学模式的评价体系也不同于传统模式的统一测评等方式，其将评价焦点放在学生的“能力指标”上，通过多方面的评价确保学生达成预期学习目标。

4.1.2 实施基于成果导向教育理念的教学模式的意义

4.1.2.1 促进学生的个性化发展

成果导向教育理念是指教学设计和教学实施的目标是学生通过教育过程最后所取得的学习成果。在教学策略方面，该理念强调实施“研究型教学模式和个性化教学”。相对于传统教学注重对记忆能力的考查，成果导向教学模式注重学生自我探索和自我学习能力的培养。

成果导向教育课程的关键乃是学生的参与度和学生的积极性，教学目标的设定就是以学生预期能力的达成为导向，这不仅给予了学生一种隐性的期望与动力，也给他们提供了一个努力的框架与方向。在学习收获方面，该理念强调所有学生都能在学习上获得成功，也强调要采用多元和梯次的评价标准对学生进行“个性化”评价。

此理念给予学生较高的成果期待，并且不以知识理论记忆能力来考核学生学习是否“成功”，而是以预期能力的达成度来进行多元化的考核。这些要求正好可以作为成果导向教学模式的主要内容实施，不仅使得成果导向教育理念落地，而且又能促进学生的个性化发展。

4.1.2.2 师生教与学观念的转变

传统教学模式与成果导向教学模式在教学理念、教师和学生所关注的内容、授课形式、考核评价形式等方面都不一样。基于成果导向教育理念的教学模式所关注的，正是我们的教学改革所提倡的内容，这种改革对于学生学习积极性与主动性的提高有着重要的推动作用。教学是教与学相互交织的过程，是一个双主体的活动，学生既是老师教的客体，也是自己学习的主体。相应地，教师也是教的主体和学习的客体，这两者互相依赖，不可分割。基于成果导向教育理念的教学模式下的教学正是通过发挥教师和学生“各司其职”的主体身份，转变其原有的传统教育教学的观念，达成二者的双元平衡体系。

4. 1. 2. 3　促进就业

基于成果导向教育理念的教学模式以学生实际掌握的能力为目标，灵活设置课程，并且突出课程的实用性。这不仅使学生在学习过程中将注意力放到能力增长上来，并且能使他们根据社会市场的变化来灵活调整，在知识能力的获取上更加有针对性与应对性。这将大大地激发就业市场活力，改变“供大于需”但实际可用人才缺乏的局面。

我国是高等工程人才培养大国，但却常常面临着高级实用型人才缺乏的尴尬局面。根据各高校发布的毕业生就业数据分析得知，不管是本科生还是研究生，在求职过程中遇到的主要困难均为“实践、创新等能力的缺乏”，这意味着学生在完成其学业并达到毕业要求之后并没有获得社会认可的相应的能力。

基于成果导向教育理念的教学模式的优势之一，是将社会、未来雇主等利益群体期望的能力作为学校教学目标落实到具体的课堂教学中，这不仅能够激发课程设置活力，更能促进以学生为中心的就业教育理念的转变，从而保证人才质量的可持续推进。

4. 1. 2. 4　教师专业能力提高

在教学活动中，教师既是教学的设计者，也是实践者和推动者，是影响和决定教学质量的主导力量。在传统的学校组织系统中，教学目标、教学内容等都是固定的，教师无法直接参与教学的设计和构建。而且，学校组织的行政权力、学生的主体权利等因素都使得教师朝“去专业化”方向发展。而基于成果导向教育理念的教学模式的实施给予教师更大的主动权和灵活性，不再以教材为导向、用固定的教材和内容等去限制教师。教师可以通过学习成果的回顾意识到学生在某个特定区域的弱点与不足，并按照需求相应地调整教学方法和相适应的教学风格，以参与者、构建者的身份融入教学活动中，真正成为能够“开处方”的“医生”，从而实现教学相长。

4. 2　课堂教学模式的选择

成果导向教育以其更加重视学生“学习成果”的突出特点，目前已逐渐被我国高等职业教育界认识和接受，并且成为高职教育的主导理念。基于成果导向教育理念的教学模式没有固定的教学模式，其主导思想是只要有助于学生自我表现和学习成果展示的策略和方法均可以采纳，因此在教学方法的选用上具有更大的灵活性。教学法种类很多，其中翻转课堂教学法、项目教学法、案例教学法、任务驱动教学法以及问题教学法，非常适合高职学生能力培养，尤其是计算机软件类的课程。在实际教学中，会根据教学内容的特点选用一种或多种教学方法组合使用。

4.2.1　翻转课堂教学法

翻转课堂教学法，是指教学中课堂上和课堂下的功能的翻转。翻转课堂是教学模式的变革，不仅是教学要素活动组合的差异，更是重新定义了教学过程中各个组成部分的功能。

翻转课堂是一种新型教学模式，起源于2007年美国科罗拉多州落基山的“林地公园”高中，该模式的推动得益于开发教育资源的运动。自从麻省理工学院开放课件运动开始，耶鲁大学公开课、可汗学院微视频、TED的教育频道视频大量优质教学资源的涌现，为翻转课堂的开展提供了资源优势，促进了翻转课堂的教学发展。已经成为日渐流行的教学模式。2012年初，翻转课堂的思想传入我国，随后在国内院校中迅速推广开来。

从翻转课堂的起源来看，就是把传统课程的讲授和练习进行了对调。相对于传统课堂上教师教学生学，课下学生做作业的教学模式，“翻转课堂”中，学生在课下自学课程内容，课堂上做应用练习和/或讨论。具体说来，“翻转课堂”要求学生在课前通过观看教学录像，阅读教科书，或者网上查资料，弄懂课程内容，将问题和思考带到课堂。课堂上，老师默认学生对课程内容已经有了一定的了解，便不会再事无巨细地从头讲解课程内容，而是主要解答学生问题，澄清相关概念，启发课堂讨论，应用所学内容，引导学生进行深度思考，同时做相应的应用练习或者测试来进一步强调、巩固、加深，或延伸相关知识。

表面上是两种活动内容的对调，本质上翻转课堂在很大程度上解决了班级授课组织形式下的个性化适应的问题，有效地促进了深度学习的发生。在课外，基于教师提供的学习资源的自主学习环节，拓展了学习的时间和空间，可以充分适应学生的个性化和个别化。在课内完成练习的环节上，又有老师和同伴的指导，有效地提升了学习的深度。

翻转课堂的精髓不是在于网络视频而是在于富有成效的面对面的互动学习，以传授知识为目的的传统课堂的目标必然是预设的，目标是向学生传授知识，而动态生成课堂更加注重学生的创造品质和生成品质，强调知识是在教师学生教材环境等多种因素的相互作用中建构的，学习目的不是掌握已知的结论性知识，而是让学生通过互动体验生命意义，实现自我超越，从而为自我的可持续发展奠定基础。

4.2.1.1　翻转课堂教学法的基本环节

翻转课堂教学设计是一个分层、分段的教学设计，是信息化的教学设计。分层，指既有线上+线下整体的教学设计，也有微课教学资源的教学设计。分段是因翻转课堂教学分两个环节教学，每一个环节的任务目标不同，需要对两个环节分别进行教学设计。见表 4-1。

表 4-1　翻转课堂教学法分层分段教学设计

在线教学设计	课堂教学设计
知识点拆分	课堂学习目标设定 （参与合作、创新水平等）
在线教学目标设定	教学内容选择
在线教学资源设计（微课）	教学活动设计（包含流程）
在线教学资源设计 （练习）	形成性评估设计

翻转课堂教学方实施的基本环节如下：

（1）明确课堂学习目标。根据国家课程标准及教师专业判断，规定学生学习所要达到的学习目标，这是翻转掌握学习的第一步。

（2）确定目标实现的途径。确定哪些目标需要通过直接讲解的途径实现，哪些目标需要通过探究的途径来实现，将那些可以直接讲解实现的学习目标与内容制作成微视频放到网上，供学生学习。将那些需要探究才能达成的目标放在课堂内来实现。

（3）制作学习导引单。学习导引单上包括学生需要达到的目标，学习的资源，学习的活动及其要求以及学生证明其达到学习目标的证据，包括证明的途径和方法。

（4）让学生通过在线自主学习视频教学资源的方式完成对基本知识的掌握，让学生经历知识的习得环节，实现记忆、理解等浅层教学目标。

（5）课堂上从事积极的学习活动。结合学生导引单，课堂上需要通过积极活动才能达到的目标，教师引导学生通过做实验，探究学习等方式来实现学习目标。对于学生学习，探究或是实验过程中出现的问题，教师及时矫正学生学习中遇到的问题。通过面对面合作学习或者直接教学的方式设计相应的学习任务，实现对基本知识的巩固和强化，实现应用、分析、评价等中级教学目标。

（6）课后继续设计综合应用任务，让学生经历知识的应用和迁移，实现分析、评价等高级教学目标。

（7）学生向教师证明其已经达到学习目标。通过视频以及课堂学习，学生需要向教师证明自己掌握学习的要求，达到了学习的目标，证明方式有多种，比如单元学习后的形成性测试，与老师的口头讨论交流，报告等，或者其他和学生商定的方式等。

4.2.1.2 教学示例

衢州职业技术学院非计算机专业公选课“Word 高级应用”课程。本课程旨在引领学生掌握工作、学习和生活中必需的文档编辑基本知识，熟用 Word 软件编辑文档。通过课堂演示、实操训练、小组汇报等实践活动，遵守文档制作规范意识，收集、编辑相关多媒体素材并按不同工作需求制作办公文档，提升团队协作能力和沟通表达能力。

该课程是全校性的选修课，选修课学生人数众多，课时比较少，因此采用翻转课程教学方法来上课。以“邮件合并-工作牌的批量制作”为例，介绍翻转课堂教学模式。见表 4-2。

表 4-2 工作牌的批量制作

实施步骤	实施内容
课前线上学习	1. 发布学习导引单，学生知晓学习内容，考核方式等； 2. 课前学生需提前观看《邮件合并》微视频； 3. 完成课前测试或练习，提交； 4. 老师根据学生提交测试或练习情况，进行学情分析
课中线下学习	1. 老师根据课前学习完成情况，通过提问或讨论，聚焦难点； 2. 小组合作学习，上机完成“工作牌”的批量制作任务； 3. 任务提交后，小组展示作品，并进行点评
课后线上拓展学习	1. 教师发布综合任务，设计并批量制作邀请函； 2. 学生线上提交作品，并附简单说明； 3. 教师批阅，并反馈

4.2.2 项目教学法

项目教学法就是在老师的指导下，将一个相对独立的项目交由学生自己处理，信息的收集、方案的设计、项目实施及最终评价，都由学生自己负责。学生通过该项目的进行，了解并把握整个过程及每一个环节中的基本要求。

按照成果导向教育理论，教学目标需达到应用、分析、创作等能力要求的课程内容可采用项目教学法。教学实施中，项目教学法常与任务驱动法配合使用，即将项目细分为多个既相对独立又彼此联系的任务，并将这些任务逐一完成，即项目引领、任务驱动。

“项目教学法”最显著的特点是“以项目为主线、教师为引导、学生为主体”，项目教学法是师生共同完成项目，共同取得进步的教学方法。对学生，通过转变学习方式，在主动积极的学习环境中，激发好奇心和创造力，培养分析和解决实际问题的能力。对教师，通过对学生的指导，转变教育观念和教学方式，从单纯的知识传递者变为学生学习的促进者、组织者和指导者。对学校，建立全新的课程理念，提升学校的办学思想和办学目标，通过项目教学法的实施，探索组织形式、活动内容、管理特点、考核评价、支撑条件等的革新，逐步完善和重新整合学校课程体系。

项目教学法主张先练后讲，先学后教，强调学生的自主学习，主动参与，从尝试入手，从练习开始，调动学生学习的主动性、创造性、积极性等，学生唱“主角”，而老师转为“配角”，实现了教师角色的换位，有利于加强对学生自学能力、创新能力的培养。

4.2.2.1　项目教学法的基本环节

（1）分析教学内容，确定项目任务。

1）所选项目应紧扣教学大纲和教学目标；

2）项目的难易程度应适宜；

3）项目应有一定的实用价值。

（2）项目教学准备期。

1）教师的准备：首先应对项目任务进行分析和研究，查阅大量的资料，手机相关的知识及案例，了解所选企业相关情形和背景状况；接着制定好项目工作计划和项目活动评价表等指导性的资料；最后要向学生做简要的实施动员，向学生说明项目的意义与作用，激发学生完成项目的兴趣。

2）学生的准备：项目教学法是以学生为主体的开放式教学方式，学生必须认真对待，提前阅读相关教材，准备一定相关知识，注意预习相关课程，为完成项目做好准备工作。

（3）项目实施阶段。第一步就是对所教班级的学生进行分组——建立合作学习小组，也就是项目开发小组。第二步是按计划完成项目。

（4）项目成果的提交与评价。总评应体现公平、公正、公开的原则，应采取学生自评，互评和教师总评的方式。评价还应结合不同项目的特点，从“知识与技能”“过程与方法”“情感态度和价值观”三个方面，将项目评价和学生个人评价有机结合。

“项目教学法”最显著的特点是“以项目为主线、教师为引导、学生为主体”，改变了以往“教师讲，学生听”的被动教学模式，创造了学生主动参与、自主协作、探索创新的新型教学模式。

4.2.2.2　教学示例

计算机应用技术专业“影视剪辑与后期特效”课程，旨在引领学生掌握视频拍摄、编辑的基础知识和制作流程，熟用 Premiere 软件对视频、图片等素材进行有效合理的组接与裁剪，通过实操示范、项目训练、学生个人及小组作品展示等方法，完成短片制作，提升团队沟通协作能力。一个短片的完成，需要“Photoshop 图像处理”“商品拍摄与处理”“影视剪辑与后期特效”等多门课程的知识与技能，因此选用项目教学方实施课程教学，能很好地实现教学目标，有助于培养学生的综合职业能力和素养。

课程结束时，学生需编写、拍摄、剪辑并添加特效，完成一个短片，以此为例，介绍项目教学法实施流程。见表 4-3。

表 4-3　项目六短片制作

实施步骤	实施内容
项目导入	情境设置：曾觉得毕业遥遥无期，可转眼间就各奔东西。时间是我们无法跨越的鸿沟，我们带不走这里的所有，但是却可以用一部毕业短片道一声：别了，我的大学； 项目任务描述：主题围绕“我的大学”展开，题材不限，形式不限，可以剧情片，可以纪录片，爱情片，宣传片；可搞笑，可煽情；可以小视角，也可以宏观回望；可以独立制作，也可以小组集结；尽情发挥大家的想象力，形式不限
方案制定	各小组讨论，收集素材，构想项目； 制定本组任务计划进行任务分配，形成方案； 教师对本组方案进行初步审核； 修改形成本组项目实施方案
项目实施	各小组成员按照任务分工，执行计划； 学习剧本编写，拍摄脚本等知识； 选择拍摄器材，学习使用方法，练习摄像技巧； 各小组和老师讨论剧本，并修改拍摄脚本等； 根据脚本，拍摄短片； 进行后期剪辑和特效处理
成果展示	各组同学，展示短片； 进行答辩
项目评价	学生自评、小组互评、教师点评； 师生共同总结本项目相关知识点和技能点； 材料归档
教学反思	学生反思：本次项目实施过程中遇到的主要问题是什么？如何解决？有何收获？ 教师反思：教学目标是否达成，项目实施过程中出现的问题是否与前期方案有关，如何改进？

4.2.3　案例教学法

所谓案例教学，就是一种运用典型案例，将真实生活引入学习中，“模仿真实生活中的职业情境”，创作“剧情说明书”用来做详细的检查、分析和理解，帮助学习者像从业人员那样思考和行动的教学方法。

在案例教学中，教师起主导作用，学生被赋予了主体身份，更为注重能力的开发，知识的利用以及创造力的培养。

4.2.3.1　案例教学法的基本环节

(1) 课前准备。课前教学必须舍得下功夫，做好充分扎实的课前准备，灵活地运用教学技巧来组织引导好案例教学。

(2) 明确教学目标。教学目标可分解，既要清楚通过案例解决管理领域内什么层次上的什么问题，又要明确体现出学员解决问题时所显现的能力水平；既要考虑到学生的学习能力、态度的改变，又要考虑学生的条件和状况。

(3) 选择好教学案例。案例是实施案例教学的前提条件之一。因此，在明确教学目标基础上，要选择适度、适用的教学案例。所选的案例既要与教学目标相吻合，具有代表性，富有启发性，激发学生对教学内容的反思与拓展，又要是教师自己能把握得了的案例，学生易于接受和认同的案例。这就要求教师不仅要多种途径获得合适的案例，如多参加学术会议，深入企业实践，还要根据教学要求，做好案例分析的事先研究，对于课堂可能出现的讨论方案做到心中有数。

(4) 营造良好的学习环境和氛围。在课堂策略上采取使学习者经验共享的方式，营造一个氛围，让知道者告诉不知道的人，使学生通过学习能充分分享来源丰富的各种信息，尊重和发挥学生的学习风格。使学生真正感到他们是课堂的主体，是学习的主人。

4.2.3.2　教学示例

电子商务物流教学内容引导案例往往以某大电商平台或物流配送中心的物流运作情况为切入点，或以物流信息化为重点，适用于案例教学。近几年，经常讨论电子商务物流跟不上电商发展的速度，差距在哪里？而电子商务物流的升级在2016年的“双十一”狂欢购物节中表现尤为明显。所以，就以学生所熟悉的这一场景作为案例，更能吸引学生，减少学生对电商物流的距离感。问题贴近生活，学生可以根据自己或身边亲友的购物经历给出答案，透过购物过程中产生的物流问题看本质，分析电子商务物流的升级。通过梳理学生网上购物流程看物流运作流程，从各流程分析电子商务物流的发展，层层深入，最后总结电子商务和物流之间的关系。见表4-4。

表 4-4 电子商务物流在“双十一”购物狂欢节中的应用实例分析

实施步骤	实 施 内 容
案例的设计	展示回顾 2016 年“双十一”图片、数据资料，引导学生通过“双十一”看电子商务物流的运用和发展情况，讨论分析关键点
阅读和分析案例	教师向学生呈现案例，激发学习兴趣； 学生阅读案例，查阅相关知识，比较近几年物流变化； 教师解答疑问，引导学生思考； 知名电子商务资讯网站浏览，完成电子商务物流习题和行业应用调研报告
讲解、讨论案例	结合案例看电子商务物流技术、物流管理流程、包装合理化等，看 2017 年各大电商如何应对“双十一”，物流如何升级，激发学习兴趣。通过实际案例比较近几年“双十一”物流变化
总结案例	总结电子商务与物流之间的关系
训练	知名电子商务资讯网站浏览，完成电子商务物流习题和行业应用调研报告

4.2.4 任务驱动教学法

任务驱动教学法是一种建立在建构主义学习理论基础上的教学法，它将以往以传授知识为主的传统教学理念，转变为以解决问题、完成任务为主的多维互动式的教学理念；将再现式教学转变为探究式学习，使学生处于积极的学习状态，每一位学生都能根据自己对当前问题的理解，运用共有的知识和自己特有的经验提出方案、解决问题。

实施任务驱动法的前提是需要全面了解学生；任务设计的目标明确；编排合理；任务的实践性要强；要真实自然；任务的设计要情景化、生活化；任务设计要注重培养学生的创新能力；任务要分层次；合理安排课堂实践。

4.2.4.1 基本环节

（1）创设情境。需要创设与当前学习主题相关的、尽可能真实的学习情境，引导学习者带着真实的“任务”进入学习情境，使学习更加直观和形象化。

（2）确定任务。在创设的情境下，选择与当前学习主题密切相关的真实性事件或问题（任务）作为学习的中心内容，让学生面临一个需要立即去解决的现实问题。

（3）自主学习、协作学习。不是由老师直接告诉学生应当如何去解决面临的问题，而是由教师向学生提供解决该问题的有关线索，倡导学生之间的讨论和交流，通过不同观点的交锋，补充和修正每个学生对当前问题的解决方案。

(4) 效果评价。主要包括两部分内容，一方面是对学生是否完成当前问题的解决方案的过程和结果的评价，即所学知识的意义建构的评价，而更重要的一方面是对学生自主学习及协作学习能力的评价。

4.2.4.2　教学示例

计算机类专业“Photoshop 图像处理”课程主要通过完成针对各工作岗位设计的典型工作任务，实施的是非线性的内容编排，即任务需要什么知识，我们就将这些内容拿来结合任务案例即时讲解和提示，使学生更直观了解在利用 Photoshop CC 进行图像处理时，怎样完成实际工作任务和完成任务所需要的图像处理知识，以期最大限度地提高学术的实际工作能力，重点培养学生的职业技能。

每次课的任务，围绕本次单元的主题，来源于相关教材的优秀案例或者行业内成功案例，制作精美，难度逐步递增。提高任务中，教师基本不讲，学生边做边学，边学边做，此任务完成后，相当有成就感，进一步提高学习动力。

例如：本单元主要是围绕海报制作展开，选择音乐会海报、产品宣传海报、电影海报、明星海报、公益海报这五类常见主题海报制作。其中通过详细分析音乐会海报制作过程，熟悉海报设计元素，掌握制作海报基本步骤。其余四类型的海报，课内分小组自选制作，分组指导，课后组内同学可以互相交流，互相帮助，拓宽视野。课外作业的设置，要求学生独立寻找素材，根据海报主题，设计制作，由模仿制作提升到设计制作。对于小组优秀作品，会邀请同学进行展示，对其进行表扬鼓励。这一系列环节的设置，为学生将来能够从事视觉广告设计与制作做准备。见表 4-5。

表 4-5　宣传海报制作教学案例

实施步骤	实　施　内　容
任务背景	学生已经基本具备平面设计基础理论知识和 PS 软件的基本操作技能，并且具备一定的团队合作和自学能力。需要学生根据不同主题设计和制作海报
提出任务	基本任务 1：音乐会海报的制作； 任务 1：音乐会海报图像部分。 任务 2：音乐会海报文案部分。 提高任务 2：产品宣传海报的制作； 提高任务 3：电影宣传海报的制作； 提高任务 4：明星海报的制作。 说明：提高任务 2、3、4，小组为单位，组内成员每人选做其中之一，提交不同类型的海报 课外任务：以“我的低碳生活”为主题，小组为单位，设计并制作完成一幅公益海报

续表 4-5

<table>
<tr><th>实施步骤</th><th colspan="2">实 施 内 容</th></tr>
<tr><td rowspan="4">任务实施</td><td>项目引入
任务项目</td><td>（1）赏析优秀海报，引导学生思考海报设计原则，激发学生学习兴趣；
（2）检查项目引导文预习情况，提问关于海报的类型、基本构图原则及设计要素等问题；
（3）演示案例，引入新课
</td></tr>
<tr><td>操练
初步能力</td><td>（1）引导学生分析任务 1 设计思路；
（2）关键技术解析：
A. 素材与背景的融合；
B. 乐谱素材曲线设置；
C. 蝴蝶素材的外发光设置
（3）完成任务 1 音乐会海报图像部分的制作
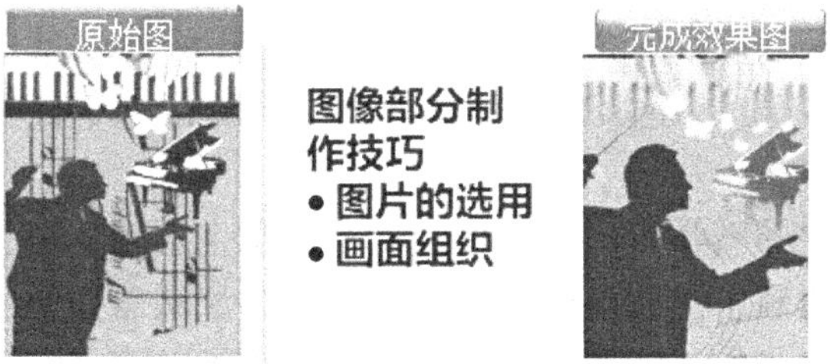
</td></tr>
<tr><td>深化提高
能力提升</td><td>（1）展示学生任务 1 完成情况，分析海报画面组织要点；
（2）引导学生分析任务 2 设计思路；
（3）关键技术解析：
A. 草书“春”字制作；
B. 完成任务 1～2：音乐会海报文案部分的制作</td></tr>
<tr><td>归纳
知识能力</td><td>（1）海报画面组织：有层次，画面丰富又耐看。在多个图像之间通过图层蒙版、叠加方式的改变使图像过渡层次效果自然生动；
（2）图片的方向性：画面安排时考虑图片的方向，如指挥棒和蝴蝶的关系，乐谱的曲线方向应用；
（3）海报文字设定原则：主题文字最大，广告语次大，普通文字最小。不同字体间要有大小、颜色的明显区分，以形成阅读层次</td></tr>
</table>

续表 4-5

实施步骤	实　施　内　容
任务拓展	（1）展示提高任务，小组为单位，经过讨论，组长分配组员任务（根据难度，每人1个或者2人1个），思考该任务的设计思路，讨论技术难点； （2）独立制作，协助完成； （3）组长指派组员汇报该组优秀作品
总结	（1）回顾任务完成过程中遇到的问题，如何解决，如何完善； （2）师生总结海报制作设计原则： 1）图形：选择尽量要有特色，体现宣传主题，与内容无关的素材一律不用； 2）色彩：统一中有对比，容易吸引观众视线，达到传递信息的目的； 3）文案：不仅直接说出宣传目的，还应与海报中图形和色彩有机结合，产生最佳的视觉效果。
布置作业	课外任务：以“我的低碳生活”为主题，小组为单位，设计并制作完成一幅公益海报

4.2.5　问题教学法

问题导向的教学方法（Problem-based Learning，简称 PBL）是以学生为中心、教师为主导的教育模式，起源于 20 世纪 50 年代的医学教育，1969 年由美国的神经病学教授 Barrows 在加拿大的麦克马斯特大学首创，现已成为国际上流行的一种教学方法。

问题导向的教学方法教学模式有利于学生主动学习、自主探究，有利于培养沟通协作能力和解决问题的能力。PBL 教学法从需要解决的问题出发，在驱动问题的引导下，学生查阅资料、阅读教材展开自主学习，通过小组讨论深化认识、教师主导规范认识，最终解决问题。在轻松、愉悦的环境中，通过解决问题习得新知，学生有显著的成就感，激发学习兴趣，形成良性循环。

问题导向的教学方法的核心是驱动问题的设计。驱动问题不能太难，也不能太简单，并且能够包含教学目标要求的主要内容。教师启发学生思考、引导学生分析问题、控制讨论范围，指导学生寻找解决问题的方法。

4.2.5.1　问题教学法的基本环节

（1）感知教材内容。教会学生看书的方法，要由面到点，再由点到面，明确主次关系。其次，引导学生处理和把握教材，学会自学。再次，就是学生完成对教材内容从感性认识到理性认识的升华，并结合自己的已有经验和教材的知识结构主动地进行学习。

（2）鼓励学生提问。实践证明，疑问、矛盾、问题是思维的“启发剂”，它能使学生求知欲由潜伏状态转入活跃状态，有力地调动学生思维的积极性和主动性，是开启学生思维器官的钥匙。有经验的教师都很注意通过质疑问难，创设问题情境，让学生在这些问题面前自求自得，探索思悟。他们或用提问法，直接将问题摆到学生面前；或用激情法，间接激发学生探求问题的热情；或用演示法，使学生因惊叹结果的微妙而去推论其原因所在；或用故错法，让学生在笑过之后再反思其中的乖谬等。

（3）通过问题授课。针对不同类型的问题，采用不同方式授课。对于多数学生有兴趣且有现实意义的问题，以全班共同讨论的方式进行；对于部分学生有兴趣且有一定讨论价值的问题，以分小组讨论的方式进行；对有一定难度的问题，或是学生的知识结构中所不包含的问题，就需要教师来亲自解答；对于有些学生认识上比较偏激或极端的问题，一般采用个别解答的方式。

（4）深入研究问题。认真分析学生的问题，有利于我们把握学生的心理特点和思想动态，并为我们的课堂教学提供丰富而鲜活生动的素材。

4.2.5.2　教学案例

高职计算机应用技术专业“手机小游戏开发”课程是一门整合课程，涉及到C#编程语言知识，同时又与3DMAS、Photoshop、AI、Illustrator等技术紧密联系。这一类型相关知识可应用问题导向教学法。如在“捕鱼游戏”设计中，老师根据游戏制作完成中涉及到的各种问题，学生通过讨论，对问题进行解决，完成游戏制作。由于本案例的综合性，教学方法以问题导向任务引领的方式，为主。见表4-6。

表4-6　“捕鱼游戏”教学案例设计

步骤	教学内容	教学方法与手段	师生活动	活动设计分析
呈现引入	展示本次课堂要完成的作品，提出本次课堂要达成的目标 	视频展示讲授	聆听、观看	以学习成果作为出发点，引入本次课的任务及要求，使学生明确本次课的学习目标

续表 4-6

步骤	教学内容	教学方法与手段	师生活动	活动设计分析
呈现引入	通过展示大家平时玩过的捕鱼达人手机游戏视频画面引入本次课程内容 提问：游戏画面中各种各样的鱼群在海底世界中不断产生、自由游动的效果是怎样实现的呢？ 	行动导向 视频展示 提问启发	教师展示并提问，学生思考。	通过展示游戏画面并提出问题来激发学生学习兴趣
模仿热身	任务 1：海底世界背景设置。 打开 Unity 软件，场景中是空白的，我们首先要打造一个海底世界。海底世界的制作我们可以利用 PS、AI 等软件，本次提供了两个海底世界，一个是绚丽多彩的场景、一个是充满污染的场景   ❖提问：同学们会选择哪一个场景呢？ ❖实现方法：将背景素材拖入场景中作为海底世界背景	提问引导 课件演示	教师提问学生回答	通过不同环境的海底世界场景的选择，引导学生形成保护环境爱护自然的意识。同时培养学生的审美意识

续表 4-6

步骤	教学内容	教学方法与手段	师生活动	活动设计分析
模仿热身	任务 2：创建鱼的序列帧动画。 ❖提问：根据已有的静态图片素材，如何将最终任务逐步实现呢？首先根据已学知识，我们如何让小鱼动起来？ ❖实现方法： （1）选中鱼素材，利用 SpriteEditor 工具创建鱼的 Sprite，并拖动到场景中，自动创建序列帧动画； （2）制作鱼的预设体并保存到 Assets/Resources 文件夹内； （3）点击运行，可以看到一条鱼在固定的位置游动 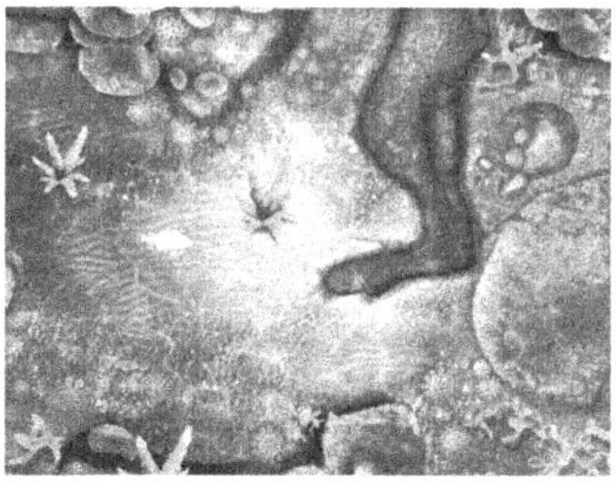	讲授提问 引导操作	教师提问：如何将静态鱼图片制作为鱼群在海底自由运动的游戏场景？ 学生按分组思考讨论并选一位学生回答演示 学生独立完成。教师巡回指导，发现学生问题	通过学生自主讨论并指定一位学生为大家操作演示来提高学生的课堂参与度。 在学生操作的同时，教师巡回指导可以及时发现及解决学生个性及共性的问题
承上启下	小结： 1、鱼动画创建的方法； 2、运用 SpriteEditor 工具的注意事项：图片的 SpriteMode 一定要选择成 Multiple，否则无法切割原图	引导归纳	学生小结回答	通过阶段小结，增强学生的总结表达能力
讨论深化	❖讨论 1：任务 2 已经实现了一条鱼在场景中固定位置游动，如何编辑 Fish. cs 脚本实现鱼在场景中来回自由游动？ ❖讨论 2：此时场景中只有一条鱼，如何编辑 FishSpawn. cs 脚本实现场景中能不断产生鱼？	小组自主探究讨论	学生小组探究讨论，以找到方法。 教师巡回指导	将课堂还给学生，以学生为中心，激发及增强学生的探索创新意识。 将总任务分解讨论，逐级完成，使学生在各个小任务的完成中获得成就感，提高学习积极性

续表 4-6

步骤	教学内容	教学方法与手段	师生活动	活动设计分析
探索拓展	任务 3：创建 Fish. cs 脚本，使鱼能在场景中来回游动。 ❖实现方法： （1）定义变量； （2）利用取绝对值函数 Mathf. Abs（）设置鱼的翻转； （3）利用目标移动函数 MoveTowards 更新鱼的当前位置	讲授提问引导 操作演示	教师操作讲授的同时强调重难点知识。 由学生独立完成，教师巡回指导	以学生为中心，学中做、做中学
	任务 4：创建 FishSpawn. cs 脚本，使一群鱼能在场景中来回游动，并且可以不断产生鱼。 ❖实现方法： （1）定义变量； （2）Random. value 函数随机产生不同的鱼； （3）Resources. Load（）函数读取鱼的预设体； （4）Instantiate 函数将鱼实例化			
总结回顾	通过以下方法实现鱼群的自动产生和自由游动的效果： （1）利用帧动画实现一条鱼在场景固定位置游动； （2）编辑脚本设置目标更新鱼的位置，实现一条鱼在场景中自由游动并能翻转方向； （3）编辑脚本读取鱼的游戏对象并实例化，实现鱼群的不断产生，并能在场景中自由游动	讨论分析 引导归纳	学生分组讨论总结归纳并回答。 教师根据学生们的回答纠错、提炼、总结	培养学生对项目问题的分析与总结能力、小组探究合作能力
交流评价	利用“超星学习通平台”中的选人、评分活动模块，针对本次课堂作品进行组内、组外互评，并分享制作心得。教师针对学生的评价进行总结性评价交流			
教学反思	本次课的内容是：捕鱼游戏中“调皮的鱼群”制作。围绕鱼的动画和脚本制作展开。本次教学设计结合成果导向理念，使用“超星学习通平台”。通过任务布置、讲授提问、讨论分析，结合多媒体技术，引导学生自主探究合作学习。在后续设计中，通过交流评价将课堂问题及时反馈给学生，同时通过课后作业进行强化与创新。在本次课堂中，同学们的学习参与度较高，通过课后提交的作业看出大部分同学对知识的掌握情况较好，教学效果明显			

4.3 课堂教学实施

成果导向教育的教学方法强调能力导向教学方法，强调学生学到什么、做出什么，着重产出与能力，而不是强调教师教什么、学什么，着重知识的传授。教师实施课堂教学时，除了进行能力的培养，重点在于落实五项成功，善用其理念，来激励学生学习，获得成功。

4.3.1 课堂教学实施四阶段

课堂教学基本由准备活动、发展活动、整合活动及善后活动四个阶段组成。

4.3.1.1 准备活动

准备活动是教学前的准备工作，五项重点任务为：

（1）教学准备：布置学习情境、研究和准备教学内容、准备教具与教学媒体、准备教学器材或工具，以及设计作业或分组等准备工作。

（2）学习准备：引导学生于学习前做好准备工作，如收集资料、进行访问、实施调查、观察记录、完成作业、分组讨论或完成分组等。

（3）激发学习动机：应用适当方法活络学习气氛，引发学生学习兴趣，提高学习动机。

（4）唤起与类化经验：协助学习整理、回忆所曾学过而与当前学习有关的经验。如复习旧教材、预习或课前评量均可唤起或类化经验。

（5）提示学习重点：经由提示学习重点、导引学生学习方向，不至于茫然无序。

4.3.1.2 发展活动

发展活动是教学的主体，以达成教学目标为主轴，其中六项重点任务如下。

（1）评析准备活动之效果：运用问答、报告、资料陈列、提出疑难问题等评量方式来评析。

（2）决定学习内容与方法：采取重质不重量的原则，依据教学目标、能力目标、教师专长、社区需要、学生状况决定适合学生的学习内容，规划活泼生动的学习方法。

（3）继续布置学习环境：教师善用各种教学媒体、教具、教学资源或网络资源，激发学生自主学习。

（4）展开各项学习活动：活动方式多元化，可采研讨、实验、制作、阅读、访问、报告、示范及演出等，兼具“看、听、想、说、做”之学习历程，活动方式可用全体、分组或个人等方式。

(5) 增强鼓励学生学习：鼓励学生对学习活动积极反应，发掘学生优点、容忍学生缺点，引导学生思考、批判并鼓励创新的设计，让学生表现、肯定自我。

(6) 着重个别差异：认识学生个别差异的事实，运用各种弹性的教学方法与内涵，激发每个学生的潜能。

4.3.1.3　整合活动

整合活动是教学活动的总结，非常关键，其中聚焦教学成效，七项重点任务如下。

(1) 整理学习内容：教师引导学生分析、归纳、演绎学习内容，聚敛学习成效。

(2) 强化、印证学习结果：经由补习、组织学习结果，引导学生将学习成果予以印证。

(3) 应用练习：将学习成果予以演出、做出或说出，深化应用练习。

(4) 展览学习结果、欣赏评价：教师引导学生展出，并相互观摩、分享来补充学习效果。

(5) 反思、检讨与改善：教师引导学生反思学习过程或提出疑问，实施诊断及补救学习。

(6) 实施总结性评量：教师针对教学目标实施总结性评量，可依据领域属性采取适切的评量方式，如认知领域者以纸笔测验为主，技能领域者以实作评量为主。

(7) 作业布置：教师深化复习，并发布下次课预习任务，做好教学承上启下的任务。

4.3.1.4　善后工作

善后工作乃教学完成后，教师善后的任务，通常不被列入教学活动历程，为彰显教学的责任与态度，建议教师教学应注意此任务，七项重点任务如下。

(1) 若学生分组尚未恢复，且下节课不必分组，则引导学生安静地还原。

(2) 学生若有问题，可请其稍候或请其协助收拾物品后，到走廊讨论，避免影响下节课之进行或无法收拾物品。

(3) 收拾黑板上的物品，妥善收拾依序排列，以备往后之用。

(4) 将黑板上自己所写文字清除。

(5) 将讲桌上下东西收拾干净。

(6) 还原其他物品。

(7) 从容地离开教室或活动场所。

4.3.2 课堂教学辅导机制

基于成果导向教育理念以学生为中心的理念，本专业建立了学习预警机制和跟踪辅导制度。任课教师发现期中成绩欠佳、学习态度欠佳或教师观察有必要辅导者，对预警范围的学生，下达《信息工程学院学生学习预警通知书》（见表4-7）由学生本人签字确认，警醒自己学业有“亮红灯”的可能性。

表4-7 衢州职业技术学院学生学习预警通知单

对象	专业		班级		姓名	
日期	年　月　日		填写者			
预警项目	□期中成绩、□平时成绩、□学习态度、□出席状况					
■预警说明：						
辅导老师签名						
■辅导说明：						
学生签名		日期	年　月　日			

针对收到预警通知单的学生，课程任课教师会有针对性地进行辅导，关注学生的学习状况。针对存在学习困难的学生，安排时间进行辅导答疑，帮助学生解决课程学习过程中的疑难问题，探讨课程以及专业相关知识；学习态度欠佳的学生，一对一面谈，发现原因，防微杜渐。在此过程中，教师需填写辅导记录表（见表4-8），记录辅导内容及反馈，持续改进课堂学习效果。期末，须填写辅导统计表（见表4-9）。

表4-8 衢州职业技术学院学习辅导记录表

二级学院		班级		课程	
学生姓名					
日期				教师	
方式	□面授、□电话、□微信或QQ、□电子邮件、□其他				
辅导主题：□生活辅导、√学习辅导、□就业辅导、□心理辅导 辅导纪要（辅导内容、结果或反馈）：					
学生签名					

表 4-9　衢州职业技术学院学习或补救辅导统计表

二级学院__________　　专业__________

班级__________　　教师__________

序号	辅导时间	辅导对象	备　注
1			
2			
3			

注：辅导对象若为个人，仅呈现姓氏，名字以○○替代。

4.4　课堂教学质量监控、评估以及持续改进机制

课堂教学质量监控与评估是对课堂教学活动全过程的检查与评价，是依据一定的教学目标与教学规范，运用科学、合理的方法，通过量化的测评与考核，评定课堂教学效果与教学目标的实现程度，不断提高课堂教学质量的过程。

4.4.1　课堂教学质量监控与评估的功能

（1）导向功能。课堂教学质量监控指标体系体现课堂教学的质量观，明确课堂教学的目标，对课堂教学的实施和改革具有重要的导向作用。

（2）调控功能。课堂教学质量监控与评估通过对逐项指标的检测，掌握教师教学的情况，揭示教师教学中存在的问题，掌握学生学习的动态、要求和效果，从而为改进教学工作和开展教学改革提供决策依据。

（3）鉴定功能。课堂教学质量监控与评估有助于全面掌握教师教学的实际水平，并为教师教学业绩考核等鉴定工作提供依据和参考。

（4）激励功能。课堂教学质量监控与评估能在一定程度上激发教师的竞争意识，激励教师规范教学行为并努力提高教学水平。

4.4.2　课堂教学质量监控体系

衢州职业技术学院主要是通过三级教学质量监控体系对课堂教学质量进行监控与评估，该体系主要执行方包括校级教学督导组、二级学院（部）教学督导小组和学生信息员三方。其中校级教学督导组主要负责各教学部门的常规教学督导与检查，并通过听课、座谈、调查研究、督导教师听课反馈及信息员反馈等方式，监督和指导教学工作；二级学院（部）教学督导小组主要负责本部门所有教师的听课、评课工作；学生信息员的主要职责是反馈教学秩序、教学质量、教学环境等方面的信息。

校级教学督导组和二级学院（部）教学督导小组的成员均包含校外专家，教学督导由教学经验丰富、作风正派、治学严谨的老师组成，采取随堂听课的方

式对全校任课教师进行评价。其课堂教学评价指标主要基于教学态度（课前准备、教态表现、课堂管理）、教学内容（内容选取、内容组织、内容表述）、教学方法与手段（教学模式、教学方法、教学手段）、教学效果（学生反应、教学目标实现）。见表4-10。

表4-10 教师课堂教学质量评价表（督导用表）

评价项目	评价指标	等级及系数			
		A (1.0)	B (0.8)	C (0.6)	D (0.4)
教学态度 (20)	治学严谨，为人师表（5）				
	备课充分，辅导及时，认真批改作业（体育课教师经常指导学生课余体育训练）（5）				
	课堂管理严格（5）				
	关心学生，尊重学生人格（5）				
教学内容 (20)	突出重点，解决难点（4）				
	讲解条理清楚，概念原理准确（体育课讲解清楚，教师示范正确，精讲多练）（5）				
	准确把握大纲，教材处理得当（体育课要求具体且切合学生实际）（5）				
	理论联系实际，反映学科新成果（体育课教学重视培养学生终身体育的能力和坚强的意志品质）（5）				
	信息量适中，教学内容充实（体育课内容安排合理，容量适中、有针对性）（5）				
教学方法 (20)	突出重点，解决难点（5）				
	讲解条理清楚，概念原理准确（体育课讲解清楚，教师示范正确，精讲多练）（5）				
	理论联系实际，反映学科新成果（体育课教学重视培养学生终身体育的能力和坚强的意志品质）（5）				
	理论联系实际，反映学科新成果（体育课教学重视培养学生终身体育的能力和坚强的意志品质）（5）				

续表 4-10

评价项目	评价指标	等级及系数			
		A (1.0)	B (0.8)	C (0.6)	D (0.4)
教学效果 (40)	学生反映满意，内容掌握好（10）				
	进度适中，能有效利用课堂时间（10）				
	调动学生学习积极性，课堂气氛好（10）				
	学生认真听课，课堂秩序良好（10）				

二级督导小组每学年需要对任课教师的任课课堂情况进行检查，教学分期初、期中、期末三个阶段，以及调停课等环节，填写教师履行教学工作规范情况评价表（见表4-11）。

表 4-11　教师履行教学工作规范情况评价表

评价项目	评价指标	等级及系数			
		A (1.0)	B (0.8)	C (0.6)	D (0.4)
期初教学检查	授课计划编制合理；教案或讲稿规范认真并有符合要求的超前量（20）				
期中教学检查	严格执行教学进度；教案或讲稿规范认真并有符合要求的超前量；作业批改及时、认真（20）				
期末教学检查	认真完成课程教学内容；教案或讲稿完整规范；试卷命题规范；作业批改及时认真；授课手册填写规范完整；教学工作总结认真（20）				
调（停）课	严格按课表组织教学，无调（停）课现象（无调停课得A，调停课节数小于课程周学时得B，调停课节数等于课程周学时得C，调停课节数超过课程周学时得D（10）				
成绩评定	评分公平、公正，考核成绩符合正态分布；及时上报课程考核成绩，成绩评定无差错（15）				
资料上交情况	按规定及时上交各种教学文件资料（15）				

学生评教则是学校集中组织全校学生对任课教师进行网上评价，其课堂教学评价指标主要基于师德教风（教态、备课、课堂管理、关爱）、教学内容（课程目标、讲课语言、内容充实、重点突出）、教学方法（教学手段、课件板书设

计、导课总结、测评考核、教学反馈)、教学效果(课程目标实现、学习激励、学习收获)。见表4-12。

表4-12 教师课堂教学质量评价表(学生用表)

评价项目	评价指标	等级及系数			
		A (1.0)	B (0.8)	C (0.6)	D (0.4)
教学态度 (20)	教学认真,教风严谨,能够做到教书育人,为人师表(6)				
	课前进行了充分的备课,有教案(体育课器械充足,场地合理)(6)				
	辅导及时、耐心,批改作业认真,经常与学生交流(体育课教师经常指导学生课余体育训练)(4)				
	按时上、下课,不随意调课、缺课(4)				
教学设计 (20)	观点正确,条理清晰,系统性强(体育课讲解清楚,教师示范正确,精讲多练)(4)				
	内容充实、熟悉(体育课训练设计层次分明,过程流畅,负荷预计准确,时间分配合理)(4)				
	信息量适度,及时反映学科动态(体育课内容安排合理,容量适中、有针对性)(4)				
	重点突出,难度、深度适宜(体育课要求具体且切合学生实际)(4)				
	理论联系实际(体育课教学重视培养学生终身体育的能力和坚强的意志品质)(4)				
教学方法 (20)	教学方法灵活多样,师生互动活跃(体育课教学组织得当,方法灵活多样,气氛活跃,张弛得当)(5)				
	恰当运用传统、现代化教学手段(体育课练习密度合理、科学,全体学生都能得到充分的活动)(5)				
	讲解通俗易懂,深入浅出(体育课讲解清楚,站位恰当,动作示范准确)(5)				
	启发学生思维,鼓励学生创新(体育课重视练习方法指导和学生非智力因素培育)(5)				

续表 4-12

评价项目	评价指标	等级及系数			
		A (1.0)	B (0.8)	C (0.6)	D (0.4)
学习效果 (40)	学生能较好地理解并掌握主要教学内容(10)				
	学生上课积极性高，课堂气氛好（10）				
	学生分析问题能力、解决问题能力、学习能力得到提高（体育课学生的运动能力得到提高，掌握所学的运动技能，健身意识增强，终身体育习惯养成）(10)				
	教学进度适中（10）				

学校将教学督导评教与学生评教相结合，以“学生评分×70%+督导评分×30%”作为教师课堂教学的最终成绩。

学校教学督导组要按照工作规则和教学工作安排，制定学期督导重点和督导计划。督导组成员每学期要完成对相关二级学院（部）教师课堂教学情况的评价，并填写课堂教学质量测评表，给出测评成绩；完成常规教学检查（期初、期中、期末），并填写期初整体设计与单元设计检查表、期中教案检查表、期末作业检查表。二级督导小组每学年完成一次对全体成员的课堂教学质量评价，并认真填写课堂教学质量测评表、教师履行教学工作规范情况评价表，计算测评成绩。

教学督导组负责收集、处理学生信息员的反馈信息，并及时反馈给主管院长和相关部门。在调查研究和监督检查工作的基础上，定期或不定期向分管院长汇报教学督导工作情况，及时同规划与督导处沟通，并提出有关深化教学改革、加强教学基本建设和教学管理、提高教学质量的工作意见和建议。

学生信息员每周进行教学秩序、教学质量、教学环境等方面信息的反馈；每学期结束前为该班所有任课教师的课堂教学质量进行综合评价，公平、公正、客观地填写课堂教学质量测评表，给出测评成绩。学生信息员在打分之前要广泛征求班级同学的意见。

期初教学检查一般安排在第一至第四教学周。第一个教学周采取巡查方式，全面了解开学初课堂教学情况和学生学习情况，第三至第四个教学周对所有教师任教课程的整体和单元设计进行检查，其中重点检查新开课和开新课的整体和单元设计。期中教学检查时间一般安排在第十周至第十五周，采取二级学院（部）自查，学校督导组检查的方式，全面、深入地了解和掌握教学进度、教学状态、教学效果，召开学生座谈会，组织观摩教学。期中教学检查后，规划与督导处、二级学院（部）写出书面报告，完成对教学过程的总结评价。期末作业、试卷命题、阅卷等检查采取抽查方式，以了解学生掌握所学知识的情况以及教师布置作业的情况。为督促考风考纪，对期末考试的考场进行全面的巡视。教学常规检查完成后，将存在问题反馈至二级学院（部）。

每学期末规划与督导处汇总整理教学督导组、学生信息员、二级督导的课堂教学质量测评情况及各级领导听课情况等信息，归入教师业务档案外，并及时反馈给教师所在教学单位。课堂教学质量综合测评情况将作为教师教学业绩考核的重要依据之一。

4.4.3　持续改进机制

课程学习和考核结束后，教师将会对本课程的学习效果进行评价。根据毕业要求，对每位学生的成绩进行达成度分析，找出学生学习内容的薄弱环节。教师根据达成度分析结果，改进教学方法、教学内容、考核等环节。同时教师也要根据学院督导的听课检查情况、在答疑和批改作业、试卷等过程中发现的问题进行自评和及时总结，并加以改进。不同的班级的考核成绩和失分内容往往是不一样的，这需要老师对班级情况进一步了解，特别是成绩差一些班级。班级的学习氛围和风气，会影响班级的整体成绩，教师要和学生进行座谈，了解他们学习的问题和状态，为后续的教学改进提供依据。

课程持续改进机制是确保课堂教学效果的前提，建立以学年为周期，以核心能力为具体指标。在课堂教学质量监控体系的基础上，建立“评价——反馈——改进”循环课程教学持续改进机制，建立畅通的渠道，使学生对课程和学习状况进行评价。见图4-1。

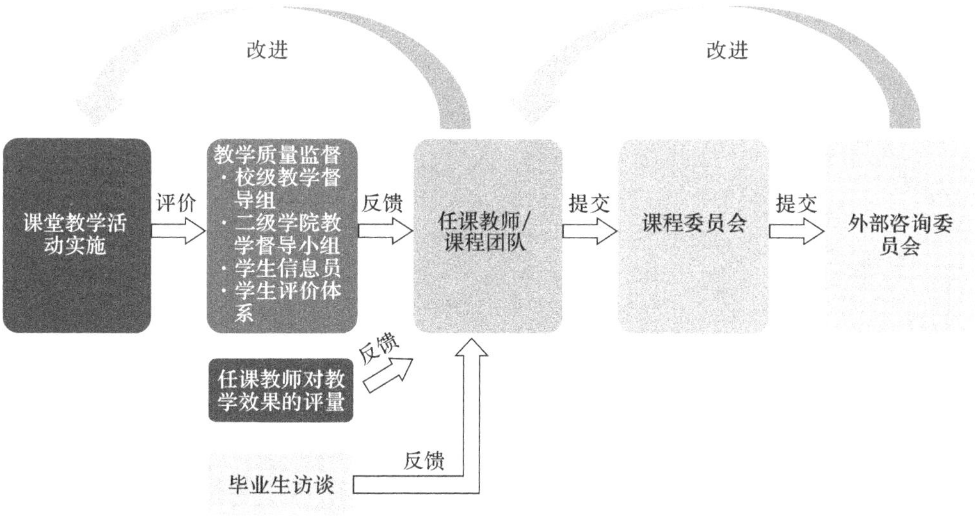

图4-1　课程持续改进机制图

首先，在课程教学实施过程中，通过课后答疑、作业、考试等形式，对学生提出的问题、意见进行研究，对共性问题集中解决并加以评价。通过学校课堂教学质量监控体系，反馈课堂教学质量情况的信息以及定期召开毕业班学生离校前座谈会，通过电话、邮件、微信，QQ 群等回访毕业生，收集分析对教学目标、支撑毕业要求指标点的意见，建立具有“评价—反馈—改进”循环特征的课程教学持续改进机制。通过课程的实施的评价、毕业生核心能力问卷调查、顶岗实习单位问卷调查、课程成绩的权重统计等多元评量方式，评量学生核心能力指标与人才培养目标的达成度。

其次，结合评量核心能力指标达成度，课程团队进行教学反思，提出课程设计、课程实施、课程检核等环节的改进措施，最终形成课程诊改计划。然后将课程诊改计划经过课程委员会和专业外部咨询委员会的讨论将最终决议反馈给课程负责人及其团队，修订新一轮的课程标准。

最后，将各门课程的修订意见反馈给专业负责人由其带领专业建设团队修订新一轮专业课程体系，形成课程及课程体系的持续改进机制。

5　基于成果导向教育的多元评价

基于成果导向教育的评价方式，应该能从效度、信度的评价来验证学生学习成效，同时又能解析教育目标与核心能达成度，并可作为可持续改进的依据。因此，在评价过程中不能单一的采用单一评价主体、评价工具、评价角度进行评价，也不能以单次评价作为最终评价。需要加强过程性的评价，对于学生在学习过程中，体现出的成长性基于正向的反馈，让学生在评价过程中，能够体会到成功的激励，最终达到人人成功、时时成功、处处成功、样样成功、成功再成功。可参考李坤崇教授在《成人、成才、成功的成果导向教育》一书中所提到的三成导向教育的评价理念、五项成功的评价思维，以及成功为成功之母的评价历程。

5.1　基于成果导向教育的多元评价理念

5.1.1　构建多元评价的必要性

为引导学生迈向成人成才成功之门，学生在校期间的学习过程的评价，应该给予正向的反馈，将对学生的学习过程产生积极的影响，彰显成人成才成功的向上、向前、向善的思维，强化相信学生，塑造学生自信的理念。参考李坤崇教授的《成人、成才、成功的成果导向教育》一书中的“三成”教育理念，在评价设计过程中，应该强调学生学习过程的过程性增量评价，而不是现行大多数的一考定终身、一次定终身。评价方式的设计，不仅要能直接反馈是否达到了预期的学习目标和学习效果，还应能间接的反馈学校或者专业的教育目标、核心能力的达成度。

在评价方式设计过程中，评价理念应以强化阶段、多重鼓励为核心，在课程、教学、评价及各项教学活动中强调阶段取得的成果，多次进行鼓励，对学生达到的知识、技能、素质方面的成果给予正向的评价和激励，在评价过程中创造各种成功的机会，逐步引导学生达到最高的成就。因此，传统的单一性评价已不能满足上述的需求。

基于成果导向教育的多元评价方式，不管从评价理念还是评价方式和评价内容，都能很好的支撑、引导学生迈入成功之门。（1）基于成果导向教育的多元评价是为了促进学生的成长，而非给学生一个结果，而是为了更好的促进和激励学生进行学习，让不同层次的学生都能获得成功机会。（2）基于成果导向教育的多元评价改变了传统单一的评价方式，将终结性评价和过程性评价相结合，评价主体不再只有老师，还有企业专家、学生等多评价主题。评价方式也不再采用单一的定量评价方式，而是量性评价和质性评价相结合。（3）基于成果导向教育的多元评价，在评价内容上也由针对学生掌握单一的知识评价，转为对知识、技能、素质的评价。本书中所设计的大纲、单元设计对应的评价方式，还可以相对量化的对核心能力的达成度进行评价。

5.1.2 设计多元评价的要点

在设计基于成果导向教育的多元评价方式时候，首先，应该以教师教学活动为基础，以学生核心能力达成为目标，依据课程大纲教学目标设计适合的评价方式、评价内涵、评价人员以及评价的时间与评价活动，并能呈现多元的学习成果。能提供改进性的教学来帮助学生成长。设计多元评价可以从专业、内涵、过程、时机、情境、方式、人员、计分及结果九个方面，作为切入点进行设计。

其次，应该以学生为中心进行评价方式的设计，凸显人性化评价。设计过程中，教师应该设身处地地站在学生角度思考设计各项评价的措施。在设计评价过程中，以尊重、个体差异、发展三理念贯穿其中。尊重应将学生视为被尊重的人，尊重其存在、更应尊重其想法。个体差异就是允许、重视，并能够适当的处理学生间的个体差异，不宜以唯一的标准、统一的规定来要求所有的学生。发展的理念是指认为学生是发展中的个体，有其不同的发展阶段和发展任务，评价方式的设计不仅应尊重其发展阶段和任务，更应该接纳发展中出现的问题和挫折。

第三，精准化评价。精准化评价是旨在强调测验编制的过程、编写题目、题目分析与结果解释，呈现标准化、通则化、品质化与定量化，从而提升评价结果的信度与效度。若教学评价能兼顾多元化、人性化时，更应该兼具精准化，则评价结果将更有说服力。可以通过编制双向细目表参见 5.3.1.2 节，提升评价过程中的规范性和准确性。

第四，一体化评价。评价体系在设计时候，不应割裂的实施，而是与课程、教材、教学有机的统一，四者环环相扣。课程引领整体的计划、目标、教材与教学，教材乃教学的工具，教学是引导学生学习的艺术，评价是检核学生达成预期目标的程度并引领学生成长，四者应能紧密统整，提升教师教学与学生学习成效。

5.2 认知教育目标的分类

确定教育目标是教学设计的首要环节。故对教育目标的准确分类，具有重大意义。而在众多的教育目标分类的理论中，如布卢姆关于目标分类的理论与加涅对学习的结果分类的理论等都十分具有代表性，这些理论对教师分析和设计教学目标都具有重要的借鉴和参考价值。

在20世纪，许多心理学家和教育学家都对教育领域中目标分类问题进行了深入研究，提出了自己的主张和观点以及分类体系，形成了关于教学目标的若干理论，各具特色，为正确认识、设计、实施或进一步研究教学目标提供了理论依据和基础。

Bloom、Englhart、Furst、Hill与Krathwohl（1956年）将教育目标进行分类，共分为认知领域、技能领域和情意领域。认知教育目标由最简单到最复杂的六个层次。

（1）知识或认识。指对具体事物和普遍原理的回忆．对方法和过程的回忆，或者对一种模式、结构或框架的回忆。包括三个亚类别，即具体的知识，处理具体事物的方式方法的知识、学科领域中的普遍原理与抽象概念知识。

（2）领会或理解。包括转化、解释和推断。转化指个体将交流内容转化为其他术语或转化为另一种交流形式。解释指对交流内容的说明或总结，是对材料的重新整理、排列或提出新的观点。推断指根据对交流内容中所描述的趋势、倾向或条件的理解作出估计或预测。

（3）应用。在某些特定的和具体的情境里使用抽象概念。

（4）分析。将整体分解成各组成要素或部分，以把握各概念间的层次或关系，包括要素分析、关系分析和组织原理分析三个亚层次。

（5）综合。把各要素和组成部分组合成一个整体。包括三个亚类别：进行独特的交流、制定计划或操作程序、推导出一套抽象关系。

（6）评价。指为某种目的，对观念、作品、答案、方法和资料等的价值作出判断。

在不同层次上，教学侧重点不同。知识层次强调培养学生用追忆或再认法记忆所学知识，并学习如何借助暗示、信号与线索将习得知识有效回忆的能力。理解层次侧重培养学生领会人际间彼此沟通信息的能力。应用层次培养学生在不同情境中运用已学知识的能力。分析层次培养学生将整体分解成各种因素的能力。综合层次培养学生对各种要素、组成部分和片断进行处理加工的能力。评价层次则可培养学生对资料和方法进行评鉴的能力。在课程大纲、单元设计以及评价的设计中，对于教学目标的描述、课程内容的描述、评价工具的设计中，不同层次的认知，要对应能够表现不同层次的动词。

正如李坤崇教授在其《认知情意技能教育目标分类及其在评量的应用》一书中提到的针对知识、能力、素质目标可采用不同的认知模型。知识、能力、素质教育目标分类及对应动词一览表节选、整理自李坤崇教授的《认知情意技能教育目标分类及其在评量的应用》一书。

5.2.1　知识教育目标分类

可依据 Anderson et. al.（2001）修订 Bloom et al.（1956）的认知教育目标之认知历程分类。见图 5-1、表 5-1。

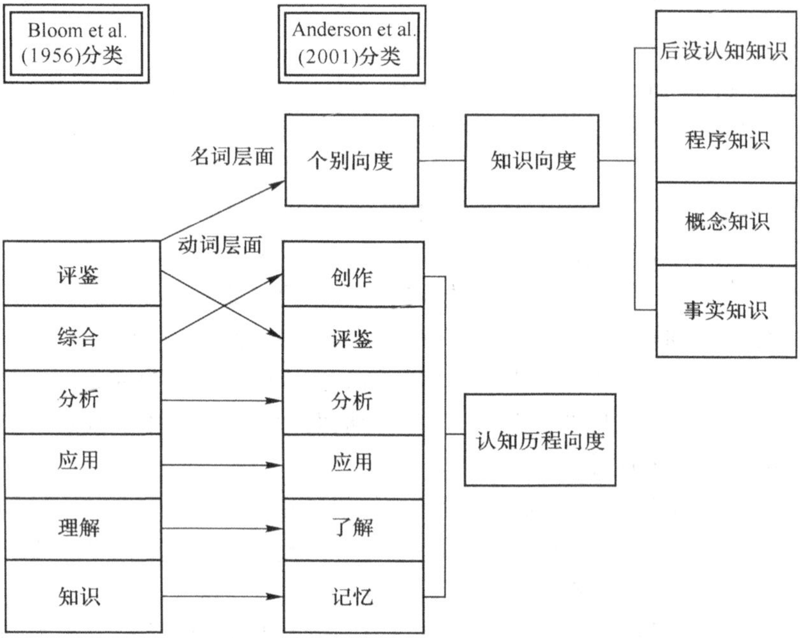

图 5-1　原架构与修订架构的结构比较

（修改自 Summary of the changes from the original framework（p. 268），by Anderson，L. W.，Krathwohl，D. R.，Airasian，P. W.，Cruikshank，K. A.，Mayer，R. E.，Pintrich，P. R.，Raths，J. & Wittrock，M. C.，2001，New York：Addison Wesley Longman，Inc.）

表 5-1　知识教育目标对应动词表一览表

知识教育目标分类	对应描述的动词
6.0 创作	提出假设、设计、建造、创作
5.0 评鉴	协调、检视、实施、判断
4.0 分析	区别、分别、聚焦、挑选、寻找、连接、形成体系
3.0 应用	运行、运用、应用
2.0 了解	阐明、解释、陈述、翻译、举例、举实例、分类、归类、建立、概括、归纳、推断、插入、预测、对照、模比、配对、建立、建造
1.0 记忆	记得、认得、认出、知道

注：在具体的描述过程中，还应参考相应的名词进行判断，不能机械的搬用对应的动词。

5.2.2 能力教育目标分类

能力教育目标分类，可参考 Simpson 技能教育目标分类进行分类，见表 5-2、表 5-3。

表 5-2 Simpson 技能教育目标分类

主阶层	次阶层
1.0 感知（perception）	1.30 转换（translation） 1.20 线索选择（cue selection） 1.10 感官刺激（sensory stimulus）
2.0 准备状态（set）	2.30 情绪状态（emotional set） 2.20 生理状态（physical set） 2.10 心理状态（mental set）
3.0 引导反应（guided response）	3.20 尝试错误（trial and error） 3.10 模仿（imitation）
4.0 机械化（mechanism）	
5.0 复杂的外显反应（complex overt response）	5.20 自动表现（automatic performance） 5.10 解决不确定性（resolution of uncertainty）
6.0 适应（adaption）	
7.0 独创（origination）	

注：整理自：Simpson，E. J.（1972）. *The classification of educational objectives in the psychomotor domain.* The Psychomotor Domain（vol. 3.）. Washington：Gryphon House.

表 5-3 能力教育目标对应动词表一览表

能力教育目标分类	对应描述的动词
6.0 独创	制造、设计、发展、筹划、编辑等
5.0 复杂的外显反应	组合、修缮、解决、折叠、改正、计算、示范
4.0 机械化	操作、装卸、练习、改换、修理、固定等
3.0 引导反应	制作、赋值、混合、依从、建立等
2.0 准备状态	选择、建立、安置等
1.0 感知	描述、使用、抄写、理解、解释、研习等

注：在具体的描述过程中，还应参考相应的名词进行判断，不能机械的搬用对应的动词。

5.2.3 素质教育目标分类

素质教育目标分类，可参考李坤崇教授其著作《认知情意技能教育目标分类及其在评量的应用》中提到技能教育目标分类进行分类，见图 5-2。

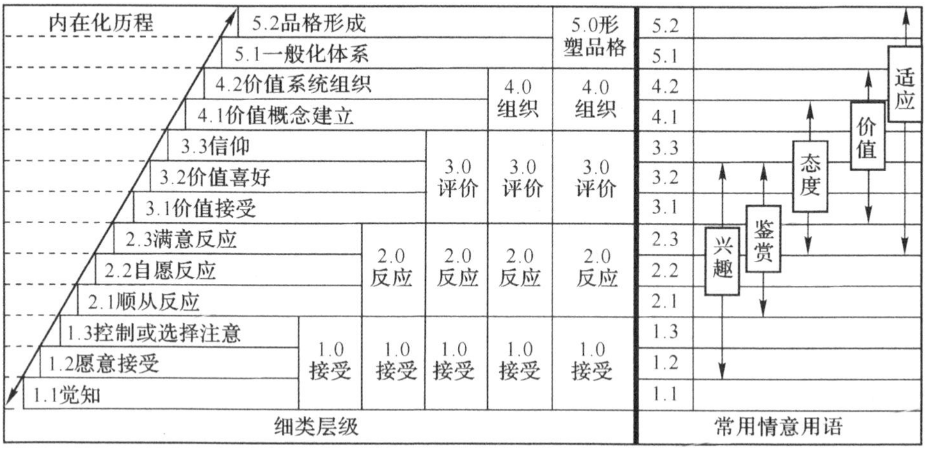

图 5-2　情意教育目标分类之细类层级及常用情意用语

（整合自：*Educational and psychological measurement and evaluation.* （p. 283），by Stanley，J. C. & Hopkins，K. D.，1972，Englewood Cliffs，N. J.：Prentice-Hall. *Taxonomy of educational objectivse* （*p.* 37，*by* Krathwohl，D. R.，Bloom，B. S.，& Masia，B. B.，1964，Handbook Ⅱ：Affective domain. New York：McKay.）

按照素质教育目标的分类，在大纲中描述课程教育目标、单元设计中描述学习目标中，对目标的描述，要首先判断其所在的层级，从接受开始，直至形塑品格，再选用恰当的动词和名词进行描述。下面提供一个素质教育目标分类对应的动词表，见表 5-4。

表 5-4　素质教育目标对应动词表一览表

素质教育目标分类	对应描述的动词
5.0 形塑品格	养成（习惯）、建立（一致信仰、人生观或者人生哲学）、秉持（做人处事原则）、建构（理念）、塑造（人格）涵养（一致态度、负责的态度或者情操）、展现（一致的行为）、发展（某种信息）、培养、养成
4.0 组织	有关价值的组织、重组、合并、综合、整合、融合、关联、类化、调整、和谐、归纳、坚持、改变、重改
3.0 评价	价值判断、评价、接受价值、接纳价值、喜好价值、追求价值、支持价值、寻求价值、重视、尊重、欣赏、坚信、确信、承诺、说服、宣扬、推荐、崇尚、爱护、珍惜、拥护，或者冠以接受、喜好、信仰价值等相关形容词或者副词的动词
2.0 反应	顺从、服从、默认、自觉、自愿、愿意、同意、赞同、反对、主动参与、积极参与、关心、关怀、快乐、满意、喜欢、讨厌、爱惜，或者冠以顺从、自愿、满意等相关形容词或副词的动词

续表 5-4

素质教育目标分类	对应描述的动词
1.0 接受	接触、倾听、觉知、感受、体会、经历、体验、接纳、接受、忍受、选择性注意、密切注意、深究、关注、观察、认同、感兴趣、或冠以觉知、愿意接受、注意等相关形容词或副词的动词

注：在具体的描述过程中，还应参考相应的名词进行判断，不能机械的搬用对应的动词

5.3 多元评价编写原则与实例

评价的方式有纸笔测验、实作评价、口语评价、档案评价等。以下从评价的编写原则和实例展示进行阐述。

5.3.1 纸笔测验的编写原则与实例

5.3.1.1 纸笔测验编写原则

纸笔测验，是指在纸上呈现标准化试题，受测者按题意用笔回答的测验。主要侧重与评定学生在知识方面学习成就高低或在认知能力方面发展强弱的一种评价方式。这类评价方式包括：传统的考试、教师自编测验、标准化测验或其他作为教学评价辅助工具用的各种心理测验等。此方式实施方便，既经济又省时，评分也较为客观、迅速，是一种有效的考核方式。

纸笔测验从设计、命题、组织与实施、结果分析的全过程都应以科学的考试理论去指导。例如，纸笔测验必须符合学生的身心发展规律，命题、组卷等都必须保证学科的科学性。要符合课程标准的要求，以学生为本，为学生的全面发展服务。纸笔测验的目的不仅是为了给学生一个分数，或排出名次，而是能真实地反映学生掌握知识、能力、技能的水平。

5.3.1.2 双向细目表的编写

对于纸笔测验，教师命题时首先应确定测验的教学目标与教材，然后选取试题类型，接着评估教材内容、教学目标、各试题类型的相对重要性，最后决定各项的配分与题数。双向细目表的编制可以有效的规范纸笔测验。双向细目表包括各章教材内涵、认知层次、试题类型及教材内容各章节配分。

下面以“电子商务概论”课程的期末测验为例进行解释。“电子商务概论”是一门以培养学生电子商务基本素养为目标，能利用网络收集与分析对学习和生活有用的信息；会熟练使用网上支付工具；能利用网络进行应聘和订票；会利用网络对企业网站进行推广；能对给出的企业进行电子商务策划；会利用网络进行个人网站创做；能利用电子商务知识，针对创业完成相应的报告。培养学生对电子商务领域学习和探究的兴趣，对职业方向和职业岗位的认知，解释和解决电子

商务领域基本问题和现象的能力。期末考试纸笔测验属于总结测验，目的在于了解学生在整个学期学习之后的学习成效，从而确定是否达到预期的教学目标程度。表 5-5 ~ 表 5-7，分别为“电子商务概论”课程的期末考题型及配分、期末考试卷各章配分、期末考试卷双向细目表。

表 5-5“电子商务概论”期末考题型及配分可以很好的预测试题难度，从而进行后续的配分与修改。

教材内容各章节的不同比重可依据其教学时数或重要性来配分。根据教材内容及教学时间分布，制定测验各单元配分。表 5-6 为“电子商务概论”期末上机操作测验各单元配分，单元一至八的教学时间分别为 4、12、4、4、4、10、6、4。按照百分制配比，预设的占分分别为 8、26、8、8、8、22、12、8。在实际试题编写时，分值的分配又可视情况而定，如教材内容、教学目标、各试题类型的相对重要性等，进行略微的修改，分值落差占理想配分的5%左右为可允许误差范围。因此，在表 5-5 中实际的各单元占分分别为 7、25、8、9、9、24、10、8。

测验的各单元配分表完成后，接着就需要制作测验的双向细目表。表 5-7 为“电子商务概论”期末上机操作测验的双向细目表。根据教学目标及内容，此双向细目表中题目的设置分为八个单元，根据难易程度分值逐渐增大。题目涉及的认知层次有记忆类、了解类、分析类、创作类，其配分分别为 44、38、12、6，旨在引导学生注重高层次认知的学习。试题形式有选择题、填空题、名词解释题、简答题和案例分析题，其中括号前的数字为题数，括号内的数字为配分。

表 5-5　“电子商务概论”期末考题型及配分

题型	配分（题数）	预期难度	预期分数
单项选择题	20（10）	0.80	16
填空题	20（11）	0.80	16
名词解释	20（4）	0.70	14
简答题	24（4）	0.70	16
案例分析	16（3）	0.50	8
合计	100（32）		70

表 5-6　“电子商务概论”期末考试卷各章配分

<table>
<tr><td colspan="2">教材内容（章）（期末考范围）</td><td>CP1 电子商务概述</td><td>CP2 电子商务模式</td><td>CP3 电子商务支付</td><td>CP4 电子商务物流</td><td>CP5 电子商务安全</td><td>CP6 电子商务营销</td><td>CP7 客户关系管理</td><td>CP8 电子商务法律</td></tr>
<tr><td colspan="2">教学时间</td><td>4</td><td>12</td><td>4</td><td>4</td><td>4</td><td>10</td><td>6</td><td>4</td></tr>
<tr><td rowspan="2">占分比例</td><td>理想</td><td>8</td><td>26</td><td>8</td><td>8</td><td>8</td><td>22</td><td>12</td><td>8</td></tr>
<tr><td>实际</td><td>7</td><td>25</td><td>8</td><td>9</td><td>9</td><td>24</td><td>10</td><td>8</td></tr>
</table>

表 5-7 “电子商务概论”期末考试卷双向细目表

教学目标 教材内容	试题形式	记忆	了解	应用	分析	评鉴	创作	合计
CP1 电子商务概述	单项选择题							
	填空题							
	名词解释							
	简答题							
	案例分析		7（1）					7（1）
	小计		7（1）					7（1）
CP2 电子商务模式	单项选择题	2（1）	6（3）		2（1）			10（5）
	填空题		3（1）					3（1）
	名词解释	6（1）	6（1）					12（2）
	简答题							
	案例分析							
	小计	8（2）	15（5）		2（1）			25（8）
CP3 电子商务 支付	单项选择题							
	填空题		3（2）					3（2）
	名词解释	5（1）						5（1）
	简答题							
	案例分析							
	小计	5（1）	3（2）					8（3）
CP4 电子商务物流	单项选择题				2（1）			2（1）
	填空题	2（1）						2（1）
	名词解释	5（1）						5（1）
	简答题							
	案例分析							
	小计	7（2）			2（1）			9（3）
CP5 电子商务安全	单项选择题							
	填空题							
	名词解释	4（2）						4（2）
	简答题	5（1）						5（1）
	案例分析							
	小计	9（3）						9（3）
CP6 电子商务营销	单项选择题		2（1）		2（1）			4（2）
	填空题							
	名词解释	5（1）						5（1）
	简答题	6（1）						6（1）
	案例分析		3（1）		6（1）			9（2）
	小计	11（2）	5（2）		8（2）			24（6）

续表 5-7

教学目标 教材内容	试题形式	记忆	了解	应用	分析	评鉴	创作	合计
CP7 客户关系管理	单项选择题		4（2）					4（2）
	填空题	2（1）	4（2）					6（3）
	名词解释							
	简答题							
	案例分析	2（1）	8（4）					10（5）
	小计							
CP8 电子商务法律	单项选择题							
	填空题	2（2）						2（2）
	名词解释							
	简答题						6（1）	6（1）
	案例分析	2（2）					6（1）	8（3）
	小计							
配分合计 共 48 节课	单项选择题	2（1）	12（6）		6（3）			20（10）
	填空题	10（6）	10（5）					20（11）
	名词解释	20（4）						20（4）
	简答题	12（2）	6（1）				6（1）	24（4）
	案例分析		10（2）		6（1）			16（3）
	小计	44（13）	38（14）		12（4）		6（1）	100（32）

注：（1）试题形式中，（　）内的数位为题数，（　）前的数字为配分；（2）本表得视教学目、实际教学及命题需要调整之。

5.3.1.3　纸笔测验编写实例

纸笔测验的命题原则有：试题分布依据双向细目表，且题目内容的依据包括：有代表性；叙述扼要、直接切入重点；使用字汇适合受试者；试题必须是公认的正确答案，避免争议性；符合受试者的视觉走线。

纸笔测验常见试题有选择题、判断题、填空题、论述题等。选择题是所有试题类型中作用最广泛的，可考察学生记忆、了解、应用、分析、评鉴、创作等能力。

编写选择题的原则有：每个试题题干不应中断；试题应测量重要的学习结果；试题体感意义应完整、清晰界定问题；以简短、清晰的用词陈述试题题干；题干避免使用否定句、若需采用则宜强调否定字词；尽可能将各选项共同字词放在题干中；标准答案必须是正确或最佳的答案；专有名词或术语如引自外文宜附注原文；各选项应按逻辑顺序排列；各选项应避免有内涵重叠现象，数字、数据类试题宜避免范围重叠；提高诱答似真性与吸引力；谨慎使用“以上都是”或

“以上都不是”；除已被普遍使用的缩写外，应避免使用缩写；试题中如有重复使用的符号、代号、译名及原文缩写等（节选自李坤崇的《大学课程发展与学习成效评量》，312～318）。

编写填空题的原则有：试题答案应简洁、具体、明确；填充式答案以一个为原则，空格不可太多；问题不应直接抄自教科书或参考书；编写试题以“直接问句”较“不完全叙述句”优先；答案必须为问题之重要概念，而非零碎知识；答案空格应一致，且尽量将空白留在句子末端；避免提供作答之线索；答案若是数字，应指出要求之精确程度和单位名称；编拟后检核试题提高质量。

对于考察组织、表达、创意、完整思考过程能力，适合使用论文题。论文题分为两种，一种是学生有充分自由呈现其答案，题目只需做适当限制。另一种是只给学生部分作答的自由，使用列出、界定、说明理由等术语或限定学生作答篇幅。编写论述题的原则有：问题应测量复杂、高层次的学习结果；问题应为拟测量的重要学习结果；问题应明确界定预测量的行为；不应允许学生选择试题作答；以多题短答的限制反应问题取代少题长答的论文题。

基于表5-7中的双向细目表，以“电子商务概论”期末测验为例设计如下试卷，见表5-8。

表5-8 “电子商务概论”期末测验

电子商务概论期末试题

一、单项选择题（本大题共10小题，每小题2分，共20分）

1. 电子商务模式是指（　　） （CP2，1.2）
   A. 使用网络信息技术的商务模式
   B. 企业产品、资金、信息及其创造过程的运行机制
   C. 对一个公司的消费者、顾客、结盟公司与供应者之间角色的叙述；
   D. 体现公司在如何获利以及在未来长时间内的计划
2. 淘宝商城（天猫）属于（　　）电子商务交易模式 （CP2，2.1）
   A. B2B　　B. B2C　　C. C2C　　D. B2G
3. 传统的市场营销中的4P策略是指（　　） （CP6，2.1）
   A. 产品　价格　渠道　促销　　B. 产品　沟通　渠道　促销
   C. 产品　价格　沟通　便捷　　D. 顾客　成本　沟通　便捷
4. 按物流活动主体分类，可将物流类型分为（　　） （CP4，2.3）
   A. 企业自营物流　专业子公司物流　第三方物流
   B. 宏观物流　微观物流
   C. 军事领域　生产领域　流通领域　生活领域
   D. 供应物流　生产物流　销售物流　回收物流　废弃物流
5. 网上服务，如订票、旅游订房等，还可以实现订单跟踪、远程客户咨询服务等属于那汇总电子商务类型（　　） （CP2，2.5）
   A. B2B　　B. B2C　　C. C2C　　D. O2O

续表 5-8

6. 网站向用户提供信息和服务，并且向用户收取访问其所提供内容的费用，这种赢利模式是（　　）（CP2，2.5）
A. 订阅模式　B. 销售模式　C. 广告模式　D. 会员制模式
7. 在日益激烈的市场竞争环境下，企业仅靠产品的质量已经难以留住客户，（　　）成为企业竞争制胜的另一张王牌（CP7，2.5）
A. 产品　B. 服务　C. 竞争　D. 价格
8. 顾客迟迟没有收到货，下面哪个原因是商家造成的（　　）。（CP7，2.7）
A. 天气恶劣　B. 包裹丢失
C. 发货延迟　D. 偷梁换柱
9. 以下哪种支付方式适合 B2B 交易模式（　　）（CP2，4.1）
A. 在线转账　B. 第三方平台支付
C. 电子现金　D. 电子支票
10. 网络营销的方法有搜索引擎营销、交换链接、（　　）网络广告、许可 Email 营销、邮件列表等。（CP6，4.1）
A. 电子中间商　B. 网上拍卖
C. 病毒性营销　D. 以上都不对
二、填空题（本大题共 20 空，每空 1 分，共 20 分）
1. 电子商务中的“四流”是指商流、________、________和资金流。（CP4，1.2）
2. 电子商务法，是调整以数据电文为交易手段而形成的因________所引起的商事关系规范体系。（CP8，1.2）
3. 电子商务安全主要内容包括________安全和________安全两大方面。（CP5，1.2）
4. 身份认证一般涉及两方面的内容，即________和________。（CP5，1.2）
5. 联合国为了推动电子商务立法，通过的两个重要的法律文件是《电子商务示范法》和《________》。（CP8，1.2）
6. 著名经济学家的 2：8 原理指的是________% 的关键客户会给你带来________% 的价值。（CP7，1.2）
7. CRM（Customer Relationship Management，客户关系管理系统）按功能分类，一般划分为________型、分析型和________型。（CP7，2.3）
8. CRM（Customer Relationship Management，客户关系管理系统）结构分三个层次：________层、________层和支持层。（CP7，2.3）
9. 按参与对象的不同划分，电子商务分类可以划分为________，________，________及 B2G 和 O2O 五种类型。（CP2，2.3）
10. 电子支付方式主要有银行卡支付方式、________支付方式、电子货币支付方式。（CP3，2.3）
11. 1996 年 2 月，我国首先在互联网上建立主页并发布信息的银行是________，“一网通”是________银行的网上银行名称。（CP3，2.5）
三、名词解释（本大题共 4 小题，每题 5 分，共 20 分）
1. 搜索引擎优化（CP6，1.2）
2. 防火墙：（CP5，1.2）
3. 网上银行：（CP3，1.2）
4. 第三方物流：（CP4，1.2）

续表 5-8

四、简答题（本大题共4小题，每题6分，共24分）
1. 简述B2C电子商务的收益模式。（CP2，1.2）
2. 简述搜索引擎营销的基本任务。（CP6，1.2）
3. 简述几种应用较为广泛的B2B电子商务模式类型以及其盈利来源。（CP2，2.2）
4. 根据我国法律规定，如何确定数据电文发送与接收的时间与地点？（CP8，6.2）
五、案例分析（本大题共2小题，16分）
凡客诚品是一个专门做服装生意的网站，已跻身中国网上B2C领域收入规模前四位，目前已是根植中国互联网上，遥遥领先的第一服装品牌。其所取得的成绩，不但被视为电子商务行业的一个创新，更被传统服装业称为奇迹。总结凡客诚品的成功之处有以下几个方面：首先，凡客诚品有一流的客服服务，如果在凡客诚品购买了一件物品，收到后发现不合适，可以联系客服在他们的指导下退货，会在一周后收到货款和退货的运费。另外，将产品配送外包给了宅急送，由专业的企业代替自己在进行自己并不擅长的领域为顾客提供服务，既规避了风险，也提升了专业水平。而凡客诚品提出了30天无条件退货，并首先提出了补偿顾客的退货运费，这在网络电子商务商家中是罕见的。其次，凡客诚品利用互联网这个新兴渠道，利用这个新兴渠道，它免掉了开始传统专卖店的店面转让费用、店租费、水电费、大量人员工资费、区域宣传费用、物流库存费和大量税收等费用，实现真正的低成本运作。最后，凡客诚品对市场有极强的敏锐的判断力。通过分析热衷于电子商务的人群是年龄跨度在20-35岁的70后、80后的新生代，这些人是伴随着互联网成长起来的人群，习惯于使用互联网工作，并且在生活中也不断和互联网发生着关联。因此，将这个年龄段的人定为主顾客群。任何产品只有适合目标消费者的需求、好恶的产品才可能达到好的销售效果，因此凡客会时常举行优惠活动来答谢消费者，并很贴心地以手机短信形式提醒消费者，可以让消费者了解到最新情况。
1. 上述案例中应用了网络营销这一手段，请回答这是一种什么类型的网络营销？（3分）（CP6，2.4）
2. 结合以上案例，分析与传统商务相比，电子商务有哪些特征？（7分）（CP1，2.6）
3. 网络营销是否是电子商务？结合案例简述你对网络营销定义的理解。（6分）（CP6，4.2）

5.3.2 实作评价的编写原则与实例

5.3.2.1 评价编写原则

实作评价是可以使学生表现所知、所能的学习结果的一种评价方式。可使用评价表或者检核表来评价技能与情感教育目标。评价表是指一组用来判断行为或特质不同程度或等级的量表或问卷，可以评价学生学习态度、兴趣、情感发展与技能表现情况。检核表则是一组用来判断行为或特质是否呈现的量表或问卷。

评价表可用于评定广泛、多样的学习结果和身心发展的方向，其使用领域分为“过程或程序评价”“结果评价”。评价表主要辨别某个特质呈现的程度或行为发生的频率，重点为程度的高低。检核表与评价表在外观和使用方法上很相似，两者最大的差异在于判断需求的形式。检核表仅对特质或行为实施“是否”

的判断，若教学与评价的目标是辨别特质是否出现、行为是否发生，则适宜运用检核表。

编拟与实施评价表或检核表的原则包括：评价行为或特质应呼应教育目标、重要学习结果；评定行为或特质应可直接观察；清楚定义量表或问卷特质；选择最适合的评价内涵与目标的评价、检核程序；评定等级最好在三至五个，且宜让评定者适切批注；结果评价或检核一次只评阅一项实作专案；设计简易记录与使用说明，便于记录与运用；评价或检核时，最好不知学生姓名；若实作评价为长期结果，应整合数个观察者的结果。

以往的实作评价主要以“评”为主，教师对作品进行整体主观的评价打分，或者根据评分要点进行粗略的评价，见表5-9。在这个过程中，学生无法获得有效反馈与持续改进。

表5-9　以往实作评价形式

评价项目	教师评价/打分
作品整体效果（或者评分概要）	

下面以计算机应用技术专业课程为例，进行实作评价实例的编写。实例中有应用评价表或检核表，可针对不同需求进行设计。

5.3.2.2　专业基础课程实例

以“C语言程序设计”课程为例设计实作评价表，此课程旨在引领学生掌握程序设计的基础语法与基本思想，通过课堂演示、实操训练、分组实训、小组汇报等实践活动，提升学生结构化程序设计能力，养成良好的自我管理素养，提升学生沟通协作能力。因此，在此例中的实作表现评价表中（见表5-10、表5-11）设计了以下评价项目：（1）学习态度（10%）：虚心求教、积极参与小组讨论、紧跟授课教师的进度和思路、具有很强的团队合作能力和沟通能力。（2）语言表达能力（20%）：语言流畅，速度得宜，用字精准，注重听众反应、很有应变能力。（3）任务分析和程序逻辑设计能力（20%）：明确任务需求，程序流程逻辑清晰，算法新颖。（4）编程实操（40%）：能够率先在组内完成前面单元的上机实训，并编译成功。（5）项目完成与时间控制（10%）：时间控制疏紧适宜、能认真按时完成项目的各项需求、完成质量杰出。此外，表中第一栏设置为学生填写基本信息及日期。第二栏设置了指导语，使学生能清楚的知道如何填写表格。第三栏包括了五项评价项目，学生自评与互评及教师总评价。每个评价项目设有［A-E］五个等级的评分原则，分别占配分的100%、90%、80%、60%、0。可以客观地评价学生在阶段实作过程中的表现情况。

表 5-10 “C 语言程序设计”阶段实作表现评价表

学生姓名：________ 学 号：________ 班 级：________
组 别：第_____组 评价日期： 年 月 日

各位同学：请针对下列评价项目并参酌「评价规准」，于自评、评议员字段打「A、B、C、D、E」其中一项后，再请老师复评。

评价项目	自评、评议员与老师复评（A 至 E）		
	自评（20%）	互评（30%）	老师（50%）
1. 学习态度（10%）			
2. 语言表达能力（20%）			
3. 任务分析和程序逻辑设计能力（20%）			
4. 编程实操（40%）			
5. 项目完成与时间控制（10%）			
合计			

表 5-11 “C 语言程序设计”阶段实作表现评价标准

阶段实作表现评价标准					
符号	A	B	C	D	E
1. 学习态度（10%）	虚心求教、积极参与小组讨论、紧跟授课教师的进度和思路、具有很强的团队合作能力和沟通能力	虚心求教、参与小组讨论、认真听讲、思考，具有团队合作能力和沟通能力	较主动、态度上表现尚可，参与小组讨论；团队合作能力和沟通能力较好	学习态度尚可，参与小组讨论；团队合作能力和沟通能力尚可	出言顶撞，服装仪容待加强
2. 语言表达能力（20%）	语言流畅，速度得宜，用字精准，注重听众反应、很有应变能力	讲述通畅，用字尚可，有注意听众反应、有应变能力	讲述尚可，用字需要斟酌，未注意听众反应、应变能力较好	讲述欠通顺，用字不佳，未注意听众反应、应变能力一般	讲述混乱，没有任何重点
3. 任务分析和程序逻辑设计能力（20%）	明确任务需求，程序流程逻辑清晰，算法新颖	明确任务需求，程序流程基本清楚，算法正确	明确任务需求，程序设计逻辑需加强	不能明确任务需求，逻辑欠佳	无法说明任何问题
4. 编程实操(40%)	能够率先在组内完成前面单元的上机实训，并编译成功	能够在规定时间内完成前面单元的上机实训，并编译成功	能在组员的帮助下完成前面单元的上机实训，并编译成功	在组员的帮助下只能完成部分的上机实训	不动手上机实践

续表 5-11

阶段实作表现评价标准					
5. 项目完成与时间控制（10%）	时间控制疏紧适宜、能认真按时完成项目的各项需求、完成质量杰出	时间控制紧凑、能认真按时完成项目的大部分需求、完成质量优良	时间分配不合理、按时完成项目的大部分需求、完成质量尚可	时间分配混论、按时完成项目的一部分需求、完成质量欠佳	基本无时间分配

注：各项目的 A、B、C、D、E 依据占配分的 100%、90%、80%、60%、0。

以“办公软件高级应用”课程为例设计实作检核表，此课程旨在引领学生掌握办公软件相关知识和操作规范，善于进行办公信息处理。通过课堂演示、实操训练等实践活动提升学生文档编辑、数据处理和演示文稿设计能力，熟用 Word、Excel、PowerPoint 办公软件处理复杂的办公业务，养成良好的自我管理素养。

以下实例是 Excel 表格数据处理中的“易迅服务公司结算单”检核表和使用与评价说明，见表 5-12 和表 5-13。评价方式均为“操作过程检核”。检核内容为“易迅服务公司结算单”，由小组长检核。“操作过程检核”指各组学生依序操作检核表各个步骤，由小组长检核。学生在实作过程中“做对”该检核项目的动作，则小组长在检核表中的评价栏正确者打「√」，修正后正确者打「○」，省略者打「△」，错误打「×」。检核的结果可作为诊断学生错误的依据或进行补救教学或个别指导的参考。

表 5-12　“易迅服务公司结算单”检核表

<table>
<tr><td colspan="4">“易迅服务公司结算单”检核表
姓名：　　　班级：　　　机号：　　　日期：　　　组别：　　.</td></tr>
<tr><td colspan="4">各位同学：
结算单制作是 Excel 表格制作及数据统计必备的技能，教师将以组为单位，分别检视各组在“易迅服务公司结算单”的正确性，以评量“小组学习态度”。
“易迅服务公司结算单”采检核正确性的方式，检核结果正确者打「√」，修正后正确者打「○」，省略者打「△」，错误打「×」。
“小组学习态度”采评定等级的方式，优者打「A」，佳者打「B」，待改进者打「C」。</td></tr>
<tr><td colspan="4">易迅服务公司结算单：打「√、○、△或×」符号</td></tr>
<tr><td>项目</td><td>易迅服务公司结算单检核重点</td><td>自评结果</td><td>组长评价</td></tr>
<tr><td rowspan="2">1. 单元格设置及输入</td><td>依次在 B3：E12 单元格输入以下内容并设置为右对齐。注意 C10、C12、E10 中所填写的是公式，显示结果为货币格式；“电子邮件”栏不能有超链接；“税率”栏格式为百分号</td><td></td><td></td></tr>
<tr><td>在 A14：E17 单元格输入以下文字，并设置各单元格的左右对齐方式。注意 D15：D17 单元格为货币格式</td><td></td><td></td></tr>
</table>

续表 5-12

2. 公式计算	在 D38：D40 中输入以下文字，并设置各单元格的左右对齐方式。其中 E38：E40 中所填写的是公式，显示结果为货币格式		
3. 单元格填充	为 A1：E1 和 A14：E14 单元格设置背景色。RGB 三色分别为 161、127、150		
4. 开发工具	打开“开发工具”菜单——控件选项卡——插入——表单控件，为“服务类别”栏添加三个「复选框」控件，为“客户类别”栏添加两个「选项按钮」控件。注意可以用键盘上下左右箭头或者［Ctrl］+上下左右箭头调整控件位置，要求三个复选框的水平间距和垂直位置基本相同，两个选项按钮垂直位置基本相同。在“服务类别”栏选中“维护维修”和“咨询”，在“客户类别”栏选中“普通客户”		
5. 有效性序列	为“付款方式”栏添加有效性序列为“现金、支票、信用卡、支付宝、微信”		
6. 表格边框	为 C3：C12 和 E3：E12 添加 25% 灰色下沿细线。为 A14：E40 添加 25% 灰色细线 注：为更好地显示制作效果，可以在“视图 | 显示”选项卡中去除“网格线”前的勾。		
7. 图形绘制	打开“绘图”工具栏，在表末尾添加一个“矩形”，输入“谢谢您的惠顾!”		
	设置自选图形格式：1）“线条颜色”为“无”；2）“填充颜色”设为“填充效果”中的“渐变双色”。字体格式及背景色彩具体参照效果图		
8. 锁定单元格	为防止用户填写时意外修改表格内容和格式，需要设置单元格锁定功能。要求除用户可填写区域（效果图中绿色部分）外，锁定其余单元格，不允许用户修改		

分享：

小组长签名：	教师签名：	日期：　　年　月　日

注：技能层次：4.0 机械化层次。

表 5-13 “易迅服务公司结算单”检核表使用与检核说明

“易迅服务公司结算单”检核表
使用与检核说明
设计者：周赟、许慧

一、达成能力指标：

达成培养学生掌握 Excel 表格制作及数据统计必备的技能——结算单制作。小组合作能力。

二、学习目标：

会使用 Excel 表格制作易迅服务公司结算单。

三、评价项目：

见检核表。

四、评价方法：

（一）本评价于单元教学中实施。

（二）检核细分为十项检核项目，由小组长检核。

（三）各组学生依序做出检核表的各个步骤，由小组长检核。

（四）小组长由教师挑选实作表现优良者担任之，于检核前实施讲习。

五、实施步骤：

（一）教师针对小组长进行检核与评价。

（二）对小组长实施检核讲习，说明检核标准与注意事项。并由一名小组长操作其他小组长检核，核对检核结果，检讨可能的差异原因。

六、检核标准：

（一）易迅服务公司结算单：采用检核正确性的方式，依据小组的实际表现来检核，检核结果正确者打「√」，修正后正确打「○」，省略者打「△」，错误打「×」。

（二）小组学习态度：采评定等级的方式，依据小组的实际表现来评价，优者打「A」，佳者打「B」，待改进者打「C」。规准如下表。

评价项目	A	B	C
1. 分工合作	小组分工合宜，且互助合作	小组分工或合作，其中一项较差	小组分工与合作均差
2. 团队效率	迅速、有秩序、有效率的达成任务	迅速、有效率的达成任务，但秩序较差	达成任务不够迅速、有效率，且秩序较差。
3. 整组态度	小组相当用心学习，态度积极	小组学习与态度普通	小组学习精神与态度均差

七、计分方式：

（一）每项检核重点正确者得 10 分，修正后正确得 5 分，省略和错误者计 0 分；

（二）基本分为 100 分

八、结果运用：

（一）提供教师进行补救教学或个别指导之参考；

（二）检核表得分结果，作为学生在该能力指针或相关单元之成绩

5.3.2.3 专业核心课程之操作为主型实例

以“数据库技术”课程为例设计实作评价表，此课程旨在引领学生掌握数据库技术管理、维护和设计的基本方法，通过数据库技术图形化管理工具和命令两种方式，实现对数据库的操作和数据库的日常管理，提升解决问题的能力，培养学生在学习过程中的责任意识。此实作表现评价表（见表5-14、表5-15）的评价项目包括：（1）完整度（40%）：作业中所有的题目均能完成。（2）速度（10%）：班级前10%完成作业。（3）准确度（50%）：全部题目正确，存在细小的瑕疵。

表5-14 “数据库技术”实作表现评价表

学生姓名：________ 学 号：________ 班 级：________
评价日期： 年 月 日

各位同学：请针对下列评价项目并参酌「评价规准」，于自评、评议员字段打「A、B、C、D、E」其中一项后，再请老师复评。

评价项目	自评、老师复评（A至E）	
	自评（50%）	老师（50%）
1. 完整度（40%）		
2. 速度（10%）		
3. 准确度（50%）		
合计		

表5-15 “数据库技术”实作表现评价标准

实作表现评价标准					
符号	A	B	C	D	E
1. 完整度（40%）	作业中所有的题目均能完成	完成作业中的大部分题目	完成作业中的一部分题目	完成作业中的少部分题目	根本没有完成作业
2. 速度（10%）	班级前10%完成作业	班级前60%完成作业	班级前80%完成作业	班级前90%完成作业	班级前100%完成作业
3. 准确度（50%）	全部题目正确，存在细小的瑕疵	大部分题目正确，存在瑕疵	部分题目正确，存在的一定的错误	少部分题目正确，存在较多的错误	极少数题目正确

注：各项目的A、B、C、D、E依据占配分的100%、90%、80%、60%、0。

5.3.2.4　专业核心课程之图像处理为主型实例

以“Photoshop 图像处理”课程为例设计实作评价表，此课程旨在引领学生熟用 Photoshop 图像处理软件的操作技术，掌握能运用软件进行平面作品创作的较强技能；通过图像的绘制、编辑、合成、特效处理，进行平面广告制作、影楼照片处理、包装设计制作、建筑环境效果图后期处理、网页前端美工等的实践活动；具备平面作品的创作能力。根据以上知识能力素养目标，学生的学习评价以实作评价为主。设计了以下临摹作品实作评量表及规准，创意作品实作评量表及规准（见表 5-16～表 5-19）。

临摹作品实作评量表中的评价项目包括：（1）作品尺寸、制作（15%）：作品尺寸设置和制作满足要求。（2）作品构图布局、整体效果（35%）：构图布局合理，整体效果好。（3）作品色彩处理（15%）：作品色彩搭配好、处理到位。（4）作品细节处理（35%）：作品细节处理得当。创意作品实作评量表中的评价项目包括：（1）作品主题（15%）：紧贴主题，制作满足要求。（2）作品构图布局、整体效果（20%）：构图布局合理，整体效果好。（3）作品色彩处理（20%）：作品色彩搭配好、处理到位。（4）作品细节处理（25%）：作品细节处理得当。（5）作品创意设计（20%）：作品创意设计好，有完整的设计理念。两类评量表都附有相应的评价标准，以实现全方位的评价。

表 5-16　“Photoshop 图像处理”临摹作品实作评量表

学生姓名：　　　　班别：　　　　学号：　　　　评量教师：

各位同学：

1. 请针对下列评量项目并参考【评量标准】，于自评字段打【A、B、C、D、E】其中一项后，再请老师复评。

2. 单次评量总分 100 分。

评量要项	自评与老师复评（A 至 E）	
	自评	老师
（1）作品尺寸、制作（15%）		
（2）作品构图布局、整体效果（35%）		
（3）作品色彩处理（15%）		
（4）作品细节处理（35%）		
合　计		

表 5-17 "Photoshop 图像处理" 临摹作品实作评量标准

符号	A	B	C	D	E
(1) 作品尺寸、制作 (15%)	作品尺寸设置和制作满足要求	作品尺寸设置和制作基本满足要求	作品尺寸设置和制作部分满足要求	作品尺寸设置和制作少部分满足要求	作品尺寸设置和制作不满足要求
(2) 作品构图布局、整体效果 (35%)	构图布局合理，整体效果好	构图布局合理，整体效果尚可	构图布局基本合理，整体效果一般	构图布局部分合理，整体效果不好	构图布局不合理，整体效果差
(3) 作品色彩处理 (15%)	作品色彩搭配好、处理到位	作品色彩搭配基本合理、处理基本满足要求	作品色彩搭配一般、处理一般	作品色彩搭配不好、处理存在缺陷	作品色彩搭配混乱、处理差
作品细节处理(35%)	作品细节处理得当	作品细节处理基本符合要求	作品细节处理一般	作品细节处理存在问题	作品细节处理差

注：各项目的 A、B、C、D、E 依据占配分的 100%、90%、80%、60%、0。

表 5-18 "Photoshop 图像处理" 创意作品实作评量表

姓名：　　　班别：　　　学号：　　　评量教师：

各位同学：

1. 请针对下列评量项目并参考【评量标准】，于自评字段打【A、B、C、D、E】其中一项后，再请老师复评。
2. 单次评量总分 100 分。

评量要项	自评与老师复评 (A 至 E)	
	自评	老师
(1) 作品主题 (15%)		
(2) 作品构图布局、整体效果 (20%)		
(3) 作品色彩处理 (20%)		
(4) 作品细节处理 (25%)		
(5) 作品创意设计 (20%)		
合计		

表 5-19　“Photoshop 图像处理”创意作品实作评量标准

符号	A	B	C	D	E
（1）作品主题（15%）	紧贴主题，制作满足要求	符合主题，制作基本满足要求	基本满足主题和制作要求	贴合部分主题，制作符合部分要求	偏离主题，制作不符合要求
（2）作品构图布局、整体效果(20%)	构图布局合理，整体效果好	构图布局合理，整体效果尚可	构图布局基本合理，整体效果一般	构图布局部分合理，整体效果不好	构图布局不合理，整体效果差
（3）作品色彩处理（20%）	作品色彩搭配好、处理到位	作品色彩搭配基本合理、处理基本满足要求	作品色彩搭配一般、处理一般	作品色彩搭配不好、处理存在缺陷	作品色彩搭配混乱、处理差
（4）作品细节处理（25%）	作品细节处理得当	作品细节处理基本符合要求	作品细节处理一般	作品细节处理存在问题	作品细节处理差
（5）作品创意设计（20%）	作品创意设计好，有完整的设计理念	作品创意设计尚可，有较完整的设计理念	作品创意设计一般	作品创意设计较差	作品设计毫无创意，设计理念混乱

注：各项目的 A、B、C、D、E 依据占配分的 100%、90%、80%、60%、0。

计算机类课程的上机操作考试也属于实作评价。以“Illustrator 图形制作”为例，此课程旨在引领学生掌握图形设计与制作基础知识，熟用 Illustrator 软件进行图形设计与制作，通过构思设计、实操示范、项目训练、学生演示等方法，完成图形设计，实现作品创意设计与制作，强化设计创新精神，提升对家乡及社会的人文关怀素养。学生评价方式以实作评价为主。以期中上机操作测验为例设计如下试卷。

表 5-20 为“Illustrator 图形制作”期中上机操作测验各单元配分，试卷内容覆盖了单元一至四（（1）认知 IllustratorCS6 入门与基础知识；（2）熟用图形与路径的绘制和编辑技术；（3）熟用颜色填充与艺术处理操作方法及技巧；（4）熟用文本、图表、图层及蒙版的操作方法与技巧），教学时间分别为 6、14、8、12。按照百分之配比，预设的占分分别为 15、35、20、30，实际占分与预设相同。表 5-21 为“Illustrator 图形制作”期中上机操作测验之双向细目表。根据教学目标及内容，此双向细目表中题目的设置分为四个单元，均为图形制作题。

表 5-20 "Illustrator 图形制作"期中上机操作测验各单元配分

教材内容（章）（期中考范围）		单元一	单元二	单元三	单元四
教学时间（学时）		6	14	8	12
占分	预设	15	35	20	30
比例	实际	15	35	20	30

表 5-21 "Illustrator 图形制作"期中上机操作测验之双向细目表

教学目标 教材内容	试题形式	记忆	了解	应用	分析	评鉴	创作	合计
第一单元（共 6 节课）	图形制作			1（15）				
第二单元（共 14 节课）	图形制作			5（35）				
第三单元（共 8 节课）	图形制作			3（20）				
第四单元（共 12 节课）	图形制作			3（30）				

注：（1）试题形式中，（ ）内的数字为配分，（ ）前的数字为题数；（2）本表得视教学目标、实际教学及命题需要调整之。

以下是"Illustrator 图形制作"期中试卷及评价标准详细内容，见表 5-22、表 5-23。

表 5-22 "Illustrator 图形制作"期中试卷

衢州职业技术学院 2020-2021 学年 第一 学期

"Illustrator 图形制作"期中试卷

题号	一	二	三	总分
分数				

说明：

（1）考试结果均以 .AI 格式和 .JPG 格式保存在 F 盘根目录下，并以"序号+姓名+试题名"命名。注意题目中涉及"学号姓名"的表述，均以考生本人具体学号和姓名代入（学号为长学号的最后两位）。

（2）答题过程中注意保存文件，答题结束时将 Illustrator 软件关掉，并将存有自己考试结果的文件夹打成 .RAR 格式的压缩包，上传到老师指定的位置。

续表 5-22

一、使用 Illustrator 软件绘制自定义图案并应用，设计完成的标志图形见图 1（精图参看“试题效果图\试题 1. jpg”文件）。

图 1　图案定义及应用

提示及要求：

1. 图案内黄色路径文本内容为本人班级、序号及姓名，形如“17 计算机 1 班张三图案”。

2. 要求按以下文字描述及效果图（精图参看“试题效果图”文件夹中对应文件）完成最终的图案应用：

（1）分别应用钢笔工具、椭圆工具、圆角矩形工具，完成三个符号的定义，每个符号命名用本人序号姓名及顺序号，如“01 张三符号 1”、“01 张三符号 2”……依次命名。(15 分)　　（CP1, 3.1）

（2）将符号、符号生成的基本图案、路径文本等仿照效果图进行排布，并编辑和调整大小、颜色等，有变化即可，不一定与效果图完全相同。(5 分)　　（CP2, 3.1）

（3）定义图案，并将图案命名为本人序号+姓名+图案。(10 分)　　（CP2, 3.1）

（4）绘制三个基本图形，分别应用图案、设置描边效果。(5 分)　　（CP2, 3.2）

（5）绘制背景，并设置如效果图所示填充与描边效果。(5 分)　　（CP2, 3.1）

（6）将第一个图形混合模式设置为“叠加”，第二个图形的混合模式设置为“正片叠底”，设置恰当的色彩。(10 分)　　（CP2, 3.2）

图 2　图案定义及应用实现过程图

二、使用 Illustrator 软件绘制“奥运五环”标志，设计完成的标志图形见图 2（精图参看“试题效果图\试题 2. jpg”文件）。

续表 5-22

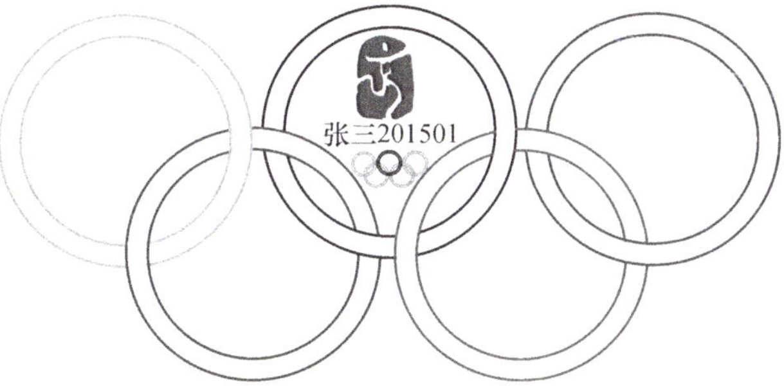

图 3 奥运五环标志

提示及要求：

1. 小字内容为本人姓名和年级序号，形如“201801”；
2. 页面设置：大小自定义，完成后保存成.ai 和.jpg（精度为 300ppi）两种格式的文件；
3. 需要应用的工具：【椭圆工具】、【文字工具】、【形状生成器工具】、【直接选择工具】等；
4. 需要注意的技术细节：

▶圆环绘制应用“路径偏移”菜单（5 分）； （CP3，3.1）

▶五环生成应用“形状生成器”工具，实现穿插效果（10 分）； （CP3，3.2）

▶右图对象立体阴影效果通过复制的对象、改变填充色并错位放置实现，注意右图中北京奥运标志镂空处阴影细节，不能简单应用钢笔工具勾勒，要结合“路径查找器”实现（5 分） （CP3，3.3）

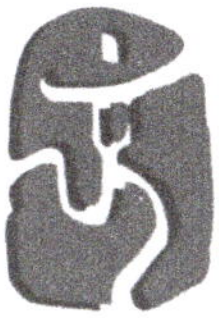

三、使用 Illustrator 软件绘制“照片级西红柿”，最终效果见图 3（参见“试题效果图\试题 3.jpg”文件）。

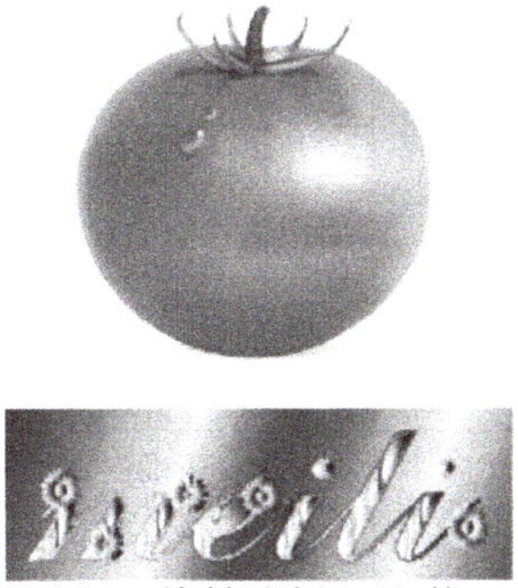

图 4 绘制照片级西红柿

提示及要求：

1. 效果图下方的字母内容改为本人序号及姓名的全拼字母，字体应用 Commercial Script BT 字体（5 分）； （CP4，3.1）
2. 西红柿及蒂部色彩用网格填充实现（20 分）； （CP4，3.2）
3. 注意水滴及阴影部分的精细绘制（5 分） （CP4，3.2）

表 5-23　"Illustrator 图形制作"期中试卷评分标准

"Illustrator 图形制作"期中试卷评分标准	
评分项	评分原则
一、使用 Illustrator 软件绘制自定义图案并应用，设计完成的标志图形（50 分）	（1）分别应用钢笔工具、椭圆工具、圆角矩形工具，完成三个符号的定义，每个符号命名用本人序号姓名及顺序号，如"01 张三符号 1"、"01 张三符号 2"……依次命名。（共 15 分，每个符号 5 分，符号命名错误每个扣 1 分）
	（2）将符号、符号生成的基本图案、路径文本等仿照效果图进行排布，并编辑和调整大小、颜色等，有变化即可，不一定与效果图完全相同（共 5 分，排布合理即得分）
	（3）定义图案，并将图案命名为本人序号+姓名+图案（共 10 分，命名错误扣 2 分）
	（4）绘制三个基本图形，分别应用图案、设置描边效果（共 5 分，应用图案错误扣 3 分，描边 2 分）
	（5）绘制背景，并设置如效果图所示填充与描边效果（共 5 分，背景 1 分，填充和描边效果 4 分）
	（6）将第一个图形混合模式设置为"叠加"，第二个图形的混合模式设置为"正片叠底"，设置恰当的色彩。（共 10 分，图形混合模式设置各 5 分）
二、使用 Illustrator 软件绘制"奥运五环"标志，设计完成的标志图形。（20 分）	（1）圆环绘制应用"路径偏移"菜单。正确使用路径偏移实现五环制作得 5 分
	（2）应用"形状生成器"工具，实现穿插效果。正确使用形状生成器得 10 分
	（3）正确使用钢笔及路径查找器实现对象立体阴影效果得 5 分
三、使用 Illustrator 软件绘制"照片级西红柿"	（1）正确设置字体得 5 分
	（2）正确使用网格填充得 20 分，效果不佳者酌情扣分
	（3）水滴阴影绘制正确得 5 分，效果不佳者酌情扣分

5.3.2.5　综合实训类课程实例

以"UI 界面综合实训"课程为例设计实作评价表，此课程旨在提升 UI 界面设计的综合运用能力，熟用 AI、CDR 和 PS 进行设计与制作，能综合应用相关的软件进行 UI 界面的设计与制作，通过任务驱动、启发、讨论、演示等方法进行 UI 界面的制作，完成符合设计需求的用户界面，培养学生综合应用相关软件，进行作品创作的能力，提升 UI 界面设计的规范意识和知识产权保护意识。此实作表现评价表（见表 5-24、表 5-25）的评价项目包括：（1）作品主题（15%）：紧贴主题，制作满足要求。（2）作品构图布局、整体效果（20%）：构图布局合理，整体效果好。（3）作品色彩处理（20%）：作品色彩搭配好、处理到位。（4）作品细节处理（25%）：作品细节处理得当。（5）作品创意设计（20%）：作品创意设计好，有完整的设计理念。

表 5-24 “UI 界面综合实训”实训作品评价表

姓名： 班别： 学号： 评价教师：

各位同学：

1. 请针对下列评价项目并参考【评价标准】，于自评字段打【A、B、C、D、E】其中一项后，再请老师复评。

2. 单次评价总分 100 分。

评价要项	自评与老师复评（A 至 E）	
	自评	老师
（1）作品主题（15%）		
（2）作品构图布局、整体效果（20%）		
（3）作品色彩处理（20%）		
（4）作品细节处理（25%）		
（5）作品创意设计（20%）		
合计		

表 5-25 《UI 界面综合实训》实作作品评价标准

评价要项	A（90～100）	B（80～90）	C（70～80）	D（60～70）	E（0～60）
（1）作品主题（15%）	紧贴主题，制作满足要求	符合主题，制作基本满足要求	基本满足主题和制作要求	贴合部分主题，制作符合部分要求	偏离主题，制作不符合要求
（2）作品构图布局、整体效果（20%）	构图布局合理，整体效果好	构图布局合理，整体效果尚可	构图布局基本合理，整体效果一般	构图布局部分合理，整体效果不好	构图布局不合理，整体效果差
（3）作品色彩处理（20%）	作品色彩搭配好、处理到位	作品色彩搭配基本合理、处理基本满足要求	作品色彩搭配一般、处理一般	作品色彩搭配不好、处理存在缺陷	作品色彩搭配混乱、处理差

续表 5-25

评价要项	A（90～100）	B（80～90）	C（70～80）	D（60～70）	E（0～60）
（4）作品细节处理（25%）	作品细节处理得当	作品细节处理基本符合要求	作品细节处理一般	作品细节处理存在问题	作品细节处理差
（5）作品创意设计（20%）	作品创意设计好，有完整的设计理念	作品创意设计尚可，有较完整的设计理念	作品创意设计一般	作品创意设计较差	作品设计毫无创意，设计理念混乱

注：各项目的 A、B、C、D、E 依据占配分的 100%、90%、80%、60%、0。

5.3.2.6　顶石课程实例

以“毕业综合实践顶石课程”课程为例设计实作评价表，此课程旨在培养学生综合运用知识和技能，整合跨领域知识，运用新方法、新技术解决计算机应用技术领域实际问题的能力。通过教师指导、查阅相关文献，学生小组合作完成毕业设计，提高学生沟通表达、团队协作能力、自我管理能力，培养学生精益求精地不断完善毕业设计课题的意识和责任担当素养。在此课程中，团队成员的沟通协作能力起到了重要的作用。为此，设计以下协作能力评价表来评价沟通协作能力，见表 5-26、表 5-27。

表 5-26　“毕业综合实践（顶石课程）”协作能力表现评价表

学生姓名：________　学　　号：________　班　　级：________

评价日期：　　年　　月　　日

各位同学：请针对下列评价项目并参酌「评价规准」，于自评、评议员字段打「A、B、C、D、E」其中一项后，再请老师复评。

评价项目	自评、老师复评（A 至 E）		
	自评（30%）	企业专家（30%）	老师（60%）
（1）任务分配（30%）			
（2）任务完成速率（20%）			
（3）论文情况（50%）			
合计			

表 5-27 “毕业综合实践（顶石课程）”协作能力表现评价标准

协作能力表现评价标准					
符号	A	B	C	D	E
（1）任务分配（30%）	根据小组成员各自所长分配任务及时间规划非常合理	根据小组成员各自所长分配任务及时间规划比较合理	根据小组成员各自所长分配任务及时间规划合理	根据小组成员各自所长分配任务及时间规划基本合理	根据小组成员各自所长分配任务及时间规划不合理
（2）任务完成速率（20%）	所有组前10%完成	所有组前60%完成	所有组前80%完成	所有组前90%完成	所有组前100%完成
（3）论文情况（50%）	小组成员各自负责的部分能够顺利完成并形成完整的论文	小组成员各自负责的部分能够比较顺利完成并形成比较完整的论文	小组成员各自负责的部分能够完成并形成论文	小组成员各自负责的部分能够基本完成并形成基本完整的论文	小组成员各自负责的部分及论文完成情况差

注：各项目的 A、B、C、D、E 依据占配分的 100%、90%、80%、60%、0。

5.3.3 口语评价的编写原则与实例

5.3.3.1 口语评价的编写原则

在大学课堂中，口语评价主要用于个人或小组汇报。对于一个学习案例或者项目进行中期或终期的汇报答辩。教师、学生根据汇报情况进行评价或打分。

实施口语评价应遵循下列原则：口语表达需与教学目标相关；避免广泛、模糊的题目；使用直接、简单的问题；允许学生充足时间回答；候答态度应和蔼，避免给学生压力；审慎衡量运用时机；事前建立公正客观的口试评价标准；事先让学生了解口试程序与评价标准。

5.3.3.2 口语评价编写实例

以“毕业综合实践（顶石课程）”课程的论文答辩为例，学生在完成作品和论文后，需要进行汇报答辩。以小组作品展示，老师与企业专家进行提问的形式进行评价，此汇报答辩评价成绩作为“毕业综合实践（顶石课程）”总成绩的一部分。答辩分为个人汇报与小组汇报。以下分别以个人汇报和分组汇报为例编写口语评价实例，见表 5-28～表 5-31。报告评价表包括个人信息栏、表格填写说明栏、评价项目与评价等级栏。在评价项目中包括三项：报告内容 6%：专业知识技能应用及回应均佳；言辞 2%：语速、语言组织表达能力均甚佳；仪态 2%：衣着、态度、举止均佳。

表 5-28　“毕业综合实践（顶石课程）”个人报告评价表

学生姓名：________　　学　　号：________　　班　　级：________

评价日期：　　年　　月　　日

各位同学：请针对下列评价项目并参酌「评价规准」，于自评、评议员字段打「A、B、C、D、E」其中一项后，再请老师复评。

评价项目	自评、老师复评（A 至 E）		
	自评（30%）	企业专家（30%）	老师（60%）
（1）报告内容（6%）			
（2）言辞（2%）			
（3）仪态（2%）			
合计			

表 5-29　“毕业综合实践（顶石课程）”个人报告评价规准

个人报告评价规准					
符　号	A	B	C	D	E
（1）报告内容6%	专业知识技能应用及回应均佳（6%）	专业知识技能应用或回应之二颇佳（5%）	专业知识技能应用或回应之一颇佳（4%）	专业知识技能应用或回应均欠佳（2%）	缺席（0%）
（2）言辞2%	语速、语言组织表达能力均甚佳（2%）	语速或语言组织表达能力颇佳（1.5%）	语速或语言组织表达能力欠佳（1%）	语速、语言组织表达能力均欠佳(0.5%）	缺席（0%）
（3）仪态2%	衣着、态度、举止均佳（2%）	衣着、态度、举止颇佳（1.5%）	衣着、态度、举止之一颇佳（1%）	衣着、态度、举止欠佳（0.5%）	缺席（0%）

注：各项目的 A、B、C、D、E 依据占配分的 100%、90%、80%、60%、0。

分组报告与个人报告评价类似。仅在评价项目中多了一项团队表现 2%：团队分工、整合及精神甚佳。并且言辞与仪态的配分都降低为 1%，以保证此报告占学期成绩的 10%。

表 5-30　"毕业综合实践（顶石课程）"分组报告评价表

姓名：　　　　班级：　　　　组别：

评价日期：　年　月　日

各位同学：

1. 请针对下列评价项目并参酌「评价标准」，于自评字段打「A、B、C、D、E」其中一项后，再请老师复评。

2. 此口头报告占学期成绩的 10%。

评价项目	自评与老师复评（A 至 E）	
	自评	老师
（1）报告内容 6%		
（2）言辞 1%		
（3）仪态 1%		
（4）团队表现 2%		
（5）合计		

表 5-31　"毕业综合实践（顶石课程）"分组报告评价规准

符　号	A	B	C	D	E
（1）报告内容 6%	专业知识技能应用及回应均佳	专业知识技能应用或回应之二颇佳	专业知识技能应用或回应之一颇佳	专业知识技能应用或回应均欠佳	缺席
（2）言辞 1%	语速、语言组织表达能力均甚佳	语速或语言组织表达能力颇佳	语速或语言组织表达能力欠佳	语速、语言组织表达能力均欠佳	缺席
（3）仪态 1%	衣着、态度、举止均佳	衣着、态度、举止颇佳	衣着、态度、举止之一颇佳	衣着、态度、举止欠佳	缺席
（4）团队表现 2%	团队分工、整合及精神甚佳	团队分工、整合及精神颇佳	团队分工、整合及精神尚佳	团队分工、整合及精神尚可	团队分工、整合及精神不佳

注：各项目的 A、B、C、D、E 依据占配分的 100%、90%、80%、60%、0。

5.3.4　档案评价的编写原则与实例

5.3.4.1　档案评价的编写原则

档案评价适于资料搜集整理、书面报告、专题报告、制作等。档案评价时教师依据教学目标与设计，让学生持续一段时间并主动搜集、组织反思学习成效以评定其努力进步成长情况。

档案评价的规划历程包括：准备与规划档案评价；界定档案评价的目的；决定档案评价的类型；订定档案绩效指标；转换档案绩效指标为档案项目；拟定绩效指标的评分规准；制作使用说明。

档案评价类型有成果、过程、评价、综合四种（节选自李坤崇《大学课程发展与学习成效评量》）。在准备与规划档案评价时，从准备与规划到制作使用说明，都应该详细规划。需评析学生所需的先备知识与技巧，循序渐进的引领学生成长。准备好评价所需资料、物品或相关说明，并向学生介绍评价目的、意义与制作的注意事项。界定档案评价的目的应依据教学目标及用途。档案评价目的确定后就需要确定档案评价的类型，对于不同的学习侧重点应使用不同的评价类型。在确定评价类型后就需要订定档案绩效指标，此指标即为教师教学目标的具体化。订定档案绩效指标的原则有：呼应评价目标、力求周延、注重高层次认知、力求规准相互独立、视需要请学生参与。接着将档案绩效指标转换为档案项目，档案项目的多少应与学生的能力、程度、所需时间、经费、家长或学校的经费配合度相结合。档案项目也应与资料呈现方式相配合。最后为客观并省时，档案评价需要事先拟定绩效指标的评分规准。评分规准应包括“能力”“努力”两个方面，结果可采用“文字描述”“决断点”“等级”“计分”等方式，可呈现“整体档案”或“分项档案”。同时，进行档案评价时，评分者不仅有老师，还可包括学生、家长等的评价。为提高档案评价的信度和效度，还需要制作档案评价的使用说明，让学生、教师或相关人员能清晰了解档案制作过程与评价方式及标准。

5.3.4.2　档案评价编写实例

以“影视剪辑与后期制作”课程为例，制作档案评价项目及规准。

影视剪辑及后期制作档案评价

同学们，影视剪辑及后期制作这门课程已经学习到一定阶段，你们已经对影视剪辑有所认识和理解，档案评价作为记录和收集这门课程学习成果资料，体现着每个同学收获和体会，每一位同学必将有自己优点，请通过档案评价展示出，从对视频剪辑一无所知到后期特效制作熟练，从一个问题回答不够具体到能抓住重点精彩表达出，记录你对这门课程成长，必将有所锻炼和提高。

一、说明：

以影视剪辑及后期制作课程大纲中 6 个能力指标为核心，对课程结构进行分解，并依照课程单元设计中出现的口语评价、实作评价为基准，学习过程中制作的视频及报告或个人阶段性总结都可列入档案中，合理说明，通过小组间评价、组内个人评价、教师评价，完成档案评价成绩。

二、要求

（一）档案封面

封面有课程文件名、学生姓名、班级、日期。设计自己档案时可以发挥想象力，例如绘制图案等。

续表

（二）档案目录

对整个档案内容概括，列入档案第二页。具体说明如下。

例如：任务 1：撰写视频短片分镜头脚本（1 ~ 10 页）；

任务 2：按照分镜头脚本进行场景拍摄剪辑（11 ~ 15 页）；

任务 3：对剪辑的素材进行后期制作（16 ~ 20 页）。

可以是手写也可以电子表打印。

（三）档案最后的总结和反思

1. 档案最后设为总结，自己学到了什么？收获了什么？自己最闪光之处在哪？反思学习不足处等。字数不限档案内容多样化。

2. 体现成长可以是照片、文章、报告、绘画、设计流程等形式。

三、注意事项

（一）档案制作一定要真实，诚信，不要弄虚作假

（二）档案评价不管组间或是组内一定要客观，并说出评价人得分理由

（三）档案制作过程中内容丢失且较少数据，及数据较全者，应相应减分或加分

（四）档案评价为总成绩的 20%，即 20 分，基础分为 10 分，另外 10 分加减

评价标准说明

请同学根据每项选择出当项最高分数列为此项最终成绩。

（1）总成绩是 50 分满分，请按照公式最高分×2×百分数。例如：口语汇报成绩最高分为 48×2×10% =9.6 分。

（2）总成绩 100 分满分，请按照公式：最高分×百分数。例如：实作评价成绩最高分为 90×10% =9 分。

（3）总计成绩后×20% = 档案评价的成绩，每种评价方式及评分规准在档案中都有附件。

《影视剪辑与后期制作》整体评价单

姓名： 班级： 学号： 日期：

各位同学：为完整呈现本学期（档案评价）的学习经历请于本学期中、末（一周前），整理出一份完整的短片作品并编写汇报材料。

评价项目	自我评价（20%）	小组间评价（20%）	教师评价（60%）
档案设计评价（10%）			
短片的分镜头脚本（15%）			
短片的场景拍摄（15%）			
短片的剪辑（20%）			
短片的后期制作（20%）			
口语汇报（10%）			
反思与感想（10%）			
合计			
最终成绩			

分享：

自我评语：

小组间评语：

教师评语：

评价教师：

续表

《影视剪辑与后期制作》分项评价单			
档案设计评价（10%）			
评价项目	自我评价	小组间评价	教师评价
1. 档案封面符合主题、美观、富有创意（30%）			
2. 档案呈现整齐、统一、完整（30%）			
3. 档案目录完整、清晰扼要（40%）			
合　计			
短片的分镜头脚本（15%）			
评价项目	自我评价	小组间评价	教师评价
1. 充分体现创作意图，创作思想（20%）			
2. 分镜头运用流畅自然（20%）			
3. 画面形象简捷易懂（20%）			
4. 分镜头间的连接明确（20%）			
5. 对话，音效等标识明确（20%）			
合　计			
短片的场景拍摄（15%）			
评价项目	自我评价	小组间评价	教师评价
1. 拍摄画面清晰稳定（35%）			
2. 拍摄内容与脚本相呼应（35%）			
3. 拍摄技巧使用合适（30%）			
合　计			
短片的剪辑（20%）			
评价项目	自我评价	小组间评价	教师评价
1. 素材剪辑重点突出（35%）			
2. 素材剪切点分配合理（35%）			
3. 素材剪辑切换流畅（30%）			
合　计			

续表

短片的后期制作（20%）			
评价项目	自我评价	小组间评价	教师评价
1. 视频转场特效（25%）			
2. 动画与运动特效（25%）			
3. 短片字幕、音效配乐效果（25%）			
4. 片头的设计和制作效果（25%）			
合　计			
口语汇报（10%）			
评价项目	自我评价	小组间评价	教师评价
1. 汇报内容（40%）			
2. PPT 展示效果（30%）			
3. 言辞仪表（30%）			
合　计			
反思与感想（10%）			
评价项目	自我评价	小组间评价	教师评价
1. 具体反省、提出感想（50%）			
2. 段落分明，善于用佳句、佳词（25%）			
3. 用字、标点符号正确（25%）			
合　计			

《影视剪辑及后期制作》分项评价规准

符　号	A	B	C	D	E
档案设计评价（10%）					
1. 档案封面符合主题、美观、富有创意（30%）	切合主题、美观、富有创意	切合主题、美观	切合主题，美观欠佳	未切合主题、不美观	未做
2. 档案呈现整齐、统一、完整（30%）	整齐、统一、完整	整齐、完整	尚完整	不完整	未做
3. 档案目录完整、清晰扼要（40%）	完整，清晰扼要	大部分完整	尚完整	不完整	未做

续表

短片的分镜头脚本（15%）					
1. 充分体现创作意图，创作思想（20%）	充分体现创作意图，创作思想	体现创作意图，创作思想	基本体现创作意图，创作思想	不太能体现创作意图，创作思想	不能体现创作意图，创作思想
2. 分镜头运用流畅自然（20%）	分镜头运用流畅自然	分镜头运用较流畅自然	分镜头运用基本流畅自然	分镜头运用不太流畅自然	分镜头运用很不自然
3. 画面形象简洁易懂（20%）	画面形象简洁易懂	画面较形象简洁易懂	画面基本形象简洁易懂	画面不太形象简洁易懂	画面不形象简洁易懂
4. 分镜头间的连接明确（20%）	分镜头间的连接非常明确	分镜头间的连接比较明确	分镜头间的连接基本明确	分镜头间的连接不太明确	分镜头间的连接很不明确
5. 对话，音效等标识明确（20%）	对话，音效等标识非常明确	对话，音效等标识比较明确	对话，音效等标识基本明确	对话，音效等标识不太明确	对话，音效等标识很不明确
短片的场景拍摄（15%）					
1. 拍摄画面清晰稳定（35%）	拍摄画面非常清晰稳定	拍摄画面比较清晰稳定	拍摄画面基本清晰稳定	拍摄画面不太清晰稳定	拍摄画面很不清晰稳定
2. 拍摄内容与脚本相呼应（35%）	拍摄内容与脚本非常呼应	拍摄内容与脚本比较呼应	拍摄内容与脚本基本呼应	拍摄内容与脚本不太呼应	拍摄内容与脚本很不呼应
3. 拍摄技巧使用合适（30%）	拍摄技巧使用非常合适	拍摄技巧使用比较合适	拍摄技巧使用基本合适	拍摄技巧使用不太合适	拍摄技巧使用很不合适
短片的剪辑（20%）					
1. 素材剪辑重点突出（35%）	素材剪辑重点非常突出	素材剪辑重点比较突出	素材剪辑重点基本突出	素材剪辑重点不太突出	素材剪辑重点很不突出
2. 素材剪切点分配合理（35%）	素材剪切点分配非常合理	素材剪切点分配比较合理	素材剪切点分配基本合理	素材剪切点分配不太合理	素材剪切点分配很不合理
3. 素材剪辑切换流畅（30%）	素材剪辑切换非常流畅	素材剪辑切换比较流畅	素材剪辑切换基本流畅	素材剪辑切换不太流畅	素材剪辑切换很不流畅

续表

短片的后期制作（20%）					
1. 视频转场特效（25%）	转场特效使用很到位，效果很好	转场特效使用较到位，效果较好	转场特效使用基本到位，效果一般	转场特效使用基本到位，但效果不好	无转场特效使用，效果很不好
2. 动画与运动特效（25%）	动画与运动特效非常好	动画与运动特效较好	动画与运动特效一般	动画或运动特效一般	动画与运动特效差
3. 短片字幕、音效配乐效果（25%）	字幕、配音效果均佳	字幕、配音效果颇佳	字幕、配音效果之一颇佳	字幕、配音效果一般	字幕、配音效果差
4. 片头的设计和制作效果（25%）	片头设计、效果均佳	片头设计、效果颇佳	片头设计、效果之一颇佳	片头设计、效果一般	片头设计、效果差
口语汇报（10%）					
1. 汇报内容（40%）	汇报内容非常详细，重点非常突出	汇报内容比较详细，重点比较突出	汇报内容基本详细，重点基本突出	汇报内容不太详细，重点不太突出	汇报内容很不详细，没有重点
2. PPT 展示效果（30%）	PPT 展示效果非常好	PPT 展示效果比较好	PPT 展示效果基本可以	PPT 展示效果欠佳	PPT 展示效果差
3. 言辞仪表（30%）	语速、语言组织表达能力均甚佳，衣着、态度、举止均佳	语速或语言组织表达能力颇佳，衣着、态度、举止颇佳	语速或语言组织表达能力欠佳，衣着、态度、举止之一颇佳	语速、语言组织表达能力均欠佳，衣着、态度、举止欠佳	缺席

续表

反思与感想（10%）					
1. 具体反省、提出感想（50%）	内容非常具体，能深入反省，并提出感想	内容具体，能反省，却不够深入	内容顺畅，但不能指出制作档案的优缺点	内容不合反省或感想的主题或无重点	未做
2. 段落分明，善于用佳句、佳词（25%）	结构、段落有条不紊，转折流畅；词汇丰富优美，甚少重复	结构、段落分明；词汇丰富，出现较多重复	整体结构较不完整或僵化，段落转折不太流畅，词汇不多、平淡	结构凌乱无序、缺乏方向，只将观念、论点、实践凑在一起；词汇极少、重复很多	未做
3. 用字、标点符号正确（25%）	用字、标点符号完全正确，毫无错别字	错别字、标点符号误用共在两个以下	错别字、标点符号误用共在五个以下	错别字、标点符号误用共在六个以上	未做

注：各项目之 A、B、C、D、E 依据占配分的 100%、90%、60%、30%、0%。

参考文献

[1] 李坤崇．大学课程发展与学习成效评量［M］．中国台北：高等教育文化事业有限公司，2011.

[2] 李坤崇．学业评价——多种评价工具的设计及应用［M］．上海：华东师范大学出版社，2016.

[3] 李坤崇．认知情意技能教育目标分类及其在评量的应用［M］．中国台北：高等教育文化事业有限公司，2009.

[4] 李坤崇．成果导向教育与工程教育认证实务［M］．中国台北：高等教育文化事业有限公司，2017.

[5] 李坤崇．成人成才成功的成果导向教育［M］．中国台北：高等教育文化事业有限公司，2018.

[6] 李坤崇．教育目标、能力指标与评量［M］．中国台北：高等教育文化事业有限公司，2006.

[7] 余建军．基于CDIO工程教育模式的高职教育教学改革研究［M］．杭州：浙江工商大学出版社，2017.

[8] 黑龙江职业学院项目组．成果导向高职课程开发案例集［M］．北京：高等教育出版社，2016.

[9] 黑龙江职业学院项目组．成果导向高职课程实施［M］．北京：高等教育出版社，2016.

[10] 何爱玲．OBE视角下商务英语专业课程大纲的构建——以《商务谈判》为例［J］．环球市场，2019（28）：319.

[11] 任岚．成果导向模式下《数据可视化》课程教学大纲设计［J］．魅力中国，2019（36）：287～288.

[12] 贾剑方．从大纲到标准：职业教育课程标准的溯源与借鉴［J］．职业技术教育，2015，36（22）：23～30.

[13] 崔志钰．从教学大纲到课程标准：中职公共基础课程中国家教育意志的嬗变［J］．当代职业教育，2019（4）：55～60.

[14] 杨继龙．德国远程教育课程开发：经验与启示［J］．继续教育研究，2019（5）：37～41.

[15] 山丹，张永锋，孙晓凌，等．高等工程教育中对课程标准制定过程的思考与探索［J］．计算机教育，2018（9）：7～11.

[16] 张澎涛，张佳薇，谢永华，等．工程教育背景下自动化专业课程大纲的研究与实践［J］．现代职业教育，2019（25）：102～104.

[17] 孙方兵．关于高职《信息技术基础》课程大纲建设的实践感悟［J］．数码世界，2019（9）：131～132.

[18] 杨磊，朱德全．核心素养课程开发评价：以泰勒模式为参照［J］．教学与管理（理论版），2019（11）：71～74.

[19] 张静，郭鹏年，胡哲．护理专业病理学课程标准的制订与实施初探［J］．卫生职业教育，2018，36（22）：56～57.

[20] 蔡凌云．化学课程标准与化学教学大纲的比较［J］．黔东南民族师范高等专科学校学报，2004，22（3）：93～94.
[21] 朱春满，李启淑，张艳，等．基于 OBE-CDIO 理念的 ASP. NET 程序设计课程教学改革研究［J］．发明与创新·职业教育，2019（11）：8，9.
[22] 周丹．基于 OBE 成果导向教育理念的《计算机信息素养》教学改革［J］．电子测试，2019（18）：124～125.
[23] 赵玮，刘汉玉，陈晓华，等．基于 OBE 教学理念下的《牛羊生产》课程开发与实践［J］．现代畜牧科技，2018（12）：22.
[24] 丁金涛，李淑敏．简论"课程标准"与"教学大纲"的异同［J］．聊城大学学报（社会科学版），2007（2）：164～166.
[25] 徐国庆．课程标准与教学大纲［J］．职教论坛，2017（33）：1.
[26] 徐国庆．课程涵义与课程思维［J］．中国职业技术教育，2006（7）：18～20.
[27] Jill Schneiderhan，Timothy C Guetterman，Margaret L Dobson，et al. 课程开发：如何入门？［J］．中国全科医学，2019，22（25）：3023～3027.
[28] 徐文博，彭洪雨．浅谈课程教学大纲的编写［J］．科教导刊-电子版（上旬），2019（3）：102.
[29] 黄卫忠．我国体育教学大纲和体育与健康课程标准的比较研究［J］．长春教育学院学报，2011（5）：68～69.
[30] 沈曦，解飞厚．制定大学课程标准的思考［J］．大学教育科学，2009（4）：48～50.
[31] 黄一波，管丹，徐瑾．《悉尼协议》：新时代高职院校专业 建设的参考范式［J］．职业技术教育，2018，39（24）：26～31.
[32] 徐坚．成果导向教育对建设我国高职院校质量保障体系的启示［J］．职教论坛，2017（18）：11～18.
[33] 付云超，王明海，亢利平，等．PBL 教学法在高职成果导向教学中的应用［J］．畜牧兽医科技信息，2017（1）：15～16.
[34] 王金旭，朱正伟，李茂国．成果导向：从认证理念到教学模式［J］．中国大学教学，2017（6）：77～82.
[35] 马佳，汪宏友．成果导向教育（OBE）理论研究文献综述［J］．创新创业理论研究与实践，2019，2（16）：88～89.
[36] 白凤臣，马文姝，张皓．基于成果导向的高职教育课程设计——以黑龙江职业学院为例［J］．职业技术教育，2018，39（5）：40～43.
[37] 萧琳．成果导向教育理念下高校评教的改革与实践综述［J］．高教学刊，2019（18）：135～137.
[38] 花鸥，曾庆琪．成果导向教育理念下职业核心素养培育的实践逻辑及其课程建构［J］．职教论坛，2019（6）：50～55.
[39] 王明海，祝伯红．高职院校教学质量保障与监控体制机制的实践探索——基于黑龙江职业学院的实践与思考［J］．黑龙江科学，2016，7（9）：118～119.
[40] 唐以志．关于以效果为导向构建职业教育质量评价标准的思考［J］．职教论坛，2016，

(7): 63.
[41] 杨琳，徐颖丽，赵建民．基于成果导向的高职 Web 前端开发综合实践课程设计案例［J］．计算机教育，2019（5）：49～53.
[42] 段向军，赵海峰，朱方园．基于成果导向的高职专业课程体系构建的逻辑与实践［J］．职教发展研究，2019（1）：37～41.
[43] 李双芹，董丽华．基于成果导向的高职专业人才培养质量提升之路［J］．职业，2019，(22)：46～47.
[44] 曾德生，骆金维，方建华，等．基于成果导向的项目化课程教学设计［J］．职业教育研究，2019（9）：59～64.
[45] 高金华，王明海，祝伯红，等．基于成果导向理念的高职院校内部质量保证体系建设［J］ 现代职业教育，2018，(31)：99.
[46] 庄方琪．悉尼协议对高职人才培养质量标准体系的借鉴与实践——以福建水利电力职业技术学院为例［J］．黑龙江教育学院学报，2019，38（7）：69～71.
[47] 刘雪燕．以成果为导向的毕业设计课程改革研究［J］．现代职业教育，2019，(24)：52～53.
[48] 傅平，王玉洁．以学生为中心理念的教学质量评价系统的构建与实践［J］．辽宁经济职业技术学院·辽宁经济管理干部学院学报，2018（1）：92～95.
[49] 张皓．成果导向课程大纲单元设计撰写要点及检核要求．https：//www. docin. com/p-1836679674. html.
[50] 杨书婕．基于成果导向课程改革的八字教学策略应用研究［J］．科教论坛，2019，02.
[51] 曹立志．成果导向课程教学单元设计［J］．教学研究，2019，02.
[52] 金忠伟．成果导向课程结构调整路径研究［J］．职教论坛，2016，12.
[53] 陈丽婷．《悉尼协议》范式下高职专业建设的本土化实践［J］．中国职业技术教育，2018（22）：59～65.
[54] 王晓典，田文君，陈桂香，等．成果导向教育的理论内涵及对高职教育改革的启示［J］．职业技术教育，2018，39（8）：26～31.
[55] 王明海，亢利平．基于高职成果导向教育的行动学习模式构建［J］．职教论坛，2016(24)：37～39，71.
[56] 刘宁，王晓典．论成果导向教育理念的学生学习成效多元评量［J］．黑龙江高教研究，2016（12）：37～40.
[57] 常志英，崔维淼．国内成果导向教育研究主题及脉络演进［J］．河北大学学报（哲学社会科学版)，2019，44（5）：59～67.
[58] 夏维波．基于 OBE 的新闻传播专业深度教学框架［J］．青年记者，2019（13）：62～64.
[59] 郭利辉，王武，张星．基于专业认证的工程技术人才培养模式的研究与构建［J］．许昌学院学报，2019，38（5）：141～143.
[60] 申天恩，斯蒂文·洛克．论成果导向的教育理念［J］．高校教育管理，2016，10（5）：47～51.
[61] 刘贺．《铁路货物运输基础》课程大纲的研究［J］．信息记录材料，2019，20

(1)：168 ~ 169.
[62] 麦迪思国际执教研究与评估中心．高效课堂教学 18 种方法汇编．
[63] 梁春晓，危妙，汪晓东．华南师范大学汪晓东：变革教学结构诊治“翻转课堂”三大问题 [J]．教育信息技术，2015，(11)：9 ~ 11.
[64] 张金磊，王颖，张宝辉．翻转课堂教学模式研究 [J]．远程教育杂志，2012，30 (4)：46 ~ 51.
[65] 瞿振元．着力向课堂教学要质量 [J]．中国高教研究，2016 (12)：1 ~ 5.
[66] 张超，杨改学．基于 PBL 的翻转课堂模式在软件教学中的应用——以“非线性编辑与视频特技”课程为例 [J]．现代教育技术，2016 (3)：73 ~ 79.
[67] 宋朝霞，俞启定．基于翻转课堂的项目式教学模式研究 [J]．远程教育杂志，2014 (1)：96 ~ 104.
[68] 刘伟．研讨式教学模式建构 [J]．高等教育研究，2008 (10)：65 ~ 67.
[69] 顾佳峰．高等教育中的互动式教学——以北京大学“世界课堂”为例 [J]．黑龙江高教研究，2013 (2)：24 ~ 27.
[70] 刘景福，钟志贤．基于项目的学习 (PBL) 模式研究 [J]．外国教育研究，2002 (11)：18 ~ 22.
[71] 顾佩华，胡文龙，林鹏，等．基于“学习产出”(OBE) 的工程教育模式——汕头大学的实践与探索 [J]．高等工程教育研究，2014 (1)：27 ~ 37.
[72] 周红坊，朱正伟，李茂国．工程教育认证的发展与创新及其对我国工程教育的启示——2016 年工程教育认证国际研讨会综述 [J]．中国大学教学，2017 (1)：88 ~ 95.
[73] 李志义．成果导向的教学设计 [J]．中国大学教学，2015 (3)：32 ~ 39.
[74] 李志义．解析工程教育专业认证的学生中心理念 [J]．中国高等教育，2014 (21)：19 ~ 22.
[75] 李志义，朱泓，刘志军，等．用成果导向教育理念引导高等工程教育教学改革 [J]．高等工程教育研究，2014 (2)：29 ~ 34，70.
[76] 王红，赵蔚，孙立会，等．翻转课堂教学模型的设计——基于国内外典型案例分析 [J]．现代教育技术，2013，23 (8)：5 ~ 10.
[77] 张家军，靳玉乐．论案例教学的本质与特点 [J]．中国教育学刊，2004 (1)：48 ~ 50，62.
[78] 郑金洲．案例教学：教师专业发展的新途径 [J]．教育理论与实践，2002，22 (7)：36 ~ 41.
[79] 张宝臣．高师教育学案例教学法的内涵与实施原则 [J]．黑龙江高教研究，2002，(6)：63 ~ 64.
[80] 李克东，赵建华．混合学习的原理与应用模式 [J]．电化教育研究，2004，(7)：1 ~ 6.
[81] 郭绍青．任务驱动教学法的内涵 [J]．中国电化教育，2006 (7)：57 ~ 59.
[82] 姜振安．“任务驱动”教学法与学生实践能力培养 [J]．职教通讯，2003 (7)：48.
[83] 徐肇杰．任务驱动教学法与项目教学法之比较 [J]．教育与职业，2008 (11)：36 ~ 37.
[84] 朱云霞．“任务驱动”教学法在计算机教学中的运用 [J]．中国电化教育，2002 (5)：

36～37.

[85] 周春月，刘颖，张洪婷，等．基于产出导向 OBE 的阶梯式实践教学研究［J］．实验室研究与探索，2016，35（11）：206～208，220.

[86] 施晓秋．遵循专业认证 OBE 理念的课程教学设计与实施［J］．高等工程教育研究，2018（5）：154～160.